Klausurvorbereitung

Prüfungsfragen zur Deskriptiven und
Schließenden Statistik

Von

Thomas Benesch

R. Oldenbourg Verlag München Wien

Bibliografische Information Der Deutschen Bibliothek

Die Deutsche Bibliothek verzeichnet diese Publikation in der Deutschen
Nationalbibliografie; detaillierte bibliografische Daten sind im Internet
über <http://dnb.ddb.de> abrufbar.

© 2006 Oldenbourg Wissenschaftsverlag GmbH
Rosenheimer Straße 145, D-81671 München
Telefon: (089) 45051-0
oldenbourg.de

Gedruckt auf säure- und chlorfreiem Papier
Gesamtherstellung: Druckhaus „Thomas Müntzer" GmbH, Bad Langensalza

ISBN   3-486-58113-9
ISBN 978-3-486-58113-3

Inhaltsverzeichnis

Einleitung

Die Verfassung einer Prüfungsvorbereitung im Bereich der Statistik hat eine lange Tradition. Die grundlegende Intention ist eine reichhaltige Sammlung von unterschiedlichen Fragetypen und Antwortmöglichkeiten bereitzustellen, welche zum Verstehen und Verständnis dieser Thematik verhelfen soll. Ähnliche Aufgaben wurden beispielsweise bereits bei Klausuren für Human- und Zahnmediziner an der Medizinischen Universität Wien oder für KommunikationswissenschaftlerInnen an der Universität Wien zur Verfügung gestellt. Die vorliegenden Aufgaben richten sich an das gleiche System einer echten Statistik-Klausur: es werden fünf Antworten vorgegeben, von denen lediglich eine richtig ist (Single Choice).

Der Fragenpool ist in zwei Kapitel gegliedert. Das erste umfasst den gesamten Bereich der deskriptiven Statistik. Alle Themengebiete beziehen sich auf das Buch „Anschauliche und verständliche Datenbeschreibung: Methoden der deskriptiven Statistik". Hier wird anhand praxisorientierten Aufgaben die Reichhaltigkeit der Statistik im Sinne ihrer Beschreibung gezeigt. Dieser Teil beinhaltet 180 Fragen sehr abwechslungsreicher Art und Fragestellung. Das zweite Kapitel behandelt den Schwerpunkt schließende Statistik - ergänzt mit einigen Wahrscheinlichkeitstheorie-Beispielen. Die Inhalte können aus dem Buch „Anschauliche und verständliche Datenbeurteilung: Methoden der schließenden Statistik" abgeleitet werden. Es wurde insbesondere Wert auf das Verständnis der Methoden gelegt, wohingegen die Berechnung von spezifischen Tests und deren -entscheidungen bewusst in den Hintergrund gestellt wurde. In diesem Teil befinden sich mehr als 100 Fragen ebenfalls verschiedenster Art und Fragestellung.

Neben diesem Buch, welches gezielt als Prüfungsvorbereitung konzipiert ist, bieten die oben genannten Bücher die Möglichkeit einerseits mit durchgerechnete Aufgaben (plus Lösungen) und andererseits mit Kontrollfragen zu arbeiten. Die Aufgaben und Kontrollfragen sind zumeist mit ausführlicheren Angaben und mehr Rechenaufwand versehen. Durch ein gleichzeitiges Nützen der vorgerechneten Aufgaben, der gestellten Kontrollfragen und zusätzlich der gezielten Prüfungsfragen des vorliegenden Buches ergibt sich eine solide Vorbereitung für jedwede Prüfung in diesem Bereich. Natürlich kann hier keine Garantie gegeben werden, dass ein Studierender, nachdem er die Aufgaben gelöst und inhaltlich verstanden hat, die Klausur mit Bravour besteht – doch er hat mit Sicherheit eine gute Ausgangsposition hierfür.

Ich möchte mich an dieser Stelle bei den Kollegen am Institut für Medizinische Statistik der Medizinischen Universität Wien, bei den Kollegen mit Methodenausrichtung am Institut für Publizistik der Universität Wien und bei zahlreichen Ideen aus unterschiedlichen Quellen bedanken. Mein besonderer Dank gebührt Frau Karin Schuch, die wieder keine Mühen gescheut hat und sich für das Layout und für die saubere Formulierung der Texte verantwortlich zeichnet. Einige Diskussionen über Fragestellungen und über die Wichtigkeit von Statistik werden unvergessen bleiben.

Für Hinweise, Kritik und Verbesserungsvorschläge bin ich jederzeit dankbar – bitte senden Sie diese direkt an meine E-Mailadresse Thom@s-Benesch.com.

Wien, im April 2006   Thomas Benesch

Kapitel A: Deskriptive Statistik

Frage A1

Für welche der folgenden Merkmale ist das arithmetische Mittel ein geeignetes Lagemaß?

a) Güteklassen von Obst
b) Schulnoten
c) Geschlecht
d) Wartezeit von Kunden auf ein Taxi (in Minuten)
e) Beurteilung der Kundenzufriedenheit in den Klassen: sehr unzufrieden, unzufrieden, zufrieden, sehr zufrieden

Frage A2

Es wird vermutet, dass schlechte Mundhygiene Karies begünstigt. Von 230 Maturanten, die eine gute Mundhygiene haben, haben 80 Personen Karies, von 210 Maturanten mit schlechter Mundhygiene haben 140 Karies.

Erstellen Sie eine Vierfeldertafel!

a)

Mundhygiene	Karies ja	nein
schlecht	140	70
gut	80	150

b)

Mundhygiene	Karies ja	nein
schlecht	230	140
gut	210	80

c)

Mundhygiene	Karies ja	nein
schlecht	230	210
gut	140	80

d)

Mundhygiene	Karies ja	nein
schlecht	80	140
gut	70	150

e) Eine Vierfeldertafel kann nicht angegeben werden, da die Angaben dazu unzureichend sind.

Frage A3

Welche Aussage ist **richtig** im Bezug zu einem Histogramm?

a) Bei einem Histogramm müssen immer die absoluten Häufigkeiten angegeben werden.
b) Eine Person, die genau auf die Klassengrenze fällt, zählt zur Hälfte zur unteren und zur Hälfte zur oberen Klasse.
c) Die Klassengrenzen müssen so gewählt werden, dass keine leere Klasse entsteht.
d) Die Klassen dürfen sich höchstens um eine Beobachtung überschneiden.
e) Die Klassen in einem Histogramm dürfen sich gegenseitig nicht überschneiden.

Frage A4

Welche der folgenden Graphiken eignet sich **am besten** zur Darstellung einer metrischen stetigen Variablen?

a) Kreisdiagramm
b) Stabdiagramm
c) Histogramm
d) Streudiagramm
e) gruppiertes Säulendiagramm

Frage A5

Wie viele der folgenden Aussagen sind **richtig**?

1. Die Varianz wird stets größer, wenn der Umfang der zu beschreibenden Gesamtheit erhöht wird.
2. Das arithmetische Mittel wird im Gegensatz zum Median von Extremwerten (Ausreißern) beeinflusst.
3. Bei einer vollständigen linearen Beziehung zwischen zwei metrischen Merkmalen gilt für den Korrelationskoeffizient $r = -1$ oder $r = +1$.
4. Bei ordinalen Merkmalen ist das Verhältnis zweier Merkmalsausprägungen nicht sinnvoll interpretierbar.

a) Eine Antwort ist richtig
b) Zwei Antworten sind richtig
c) Drei Antworten sind richtig
d) Vier Antworten sind richtig
e) Keine Antwort ist richtig

Frage A6

Betrachten Sie das Histogramm der Variable Alter von 94 Menschen, die im Rahmen einer Studie untersucht wurden.

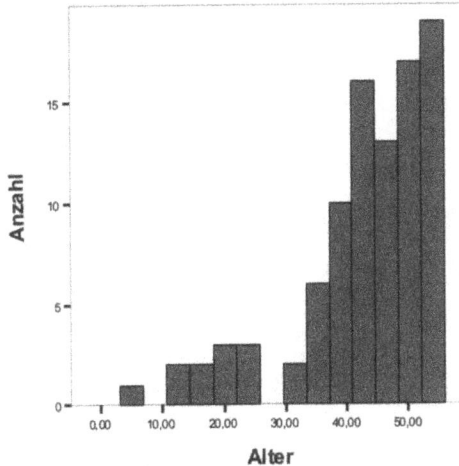

Welche der folgenden Aussagen ist für die Variable Alter **richtig**?

a) Der Median ist größer als das arithmetische Mittel.
b) Das arithmetische Mittel und Median sind ungefähr gleich groß.
c) Das arithmetische Mittel ist größer als der Median.
d) Bei der Variable Alter darf nur das arithmetische Mittel berechnet werden.
e) Aufgrund des Histogramms kann keine Aussage darüber getroffen werden, ob das arithmetisches Mittelwert oder der Median größer sind.

Frage A7

Welche graphische Darstellung ist für das Merkmal Telefonnummer am meisten geeignet?

a) Kreisdiagramm
b) Stabdiagramm
c) Histogramm
d) Boxplot
e) Keine der angeführten Möglichkeiten

12

Histogramm für die Frage A8

Das folgende Histogramm stellt die Variable Alter von 20 Personen dar.

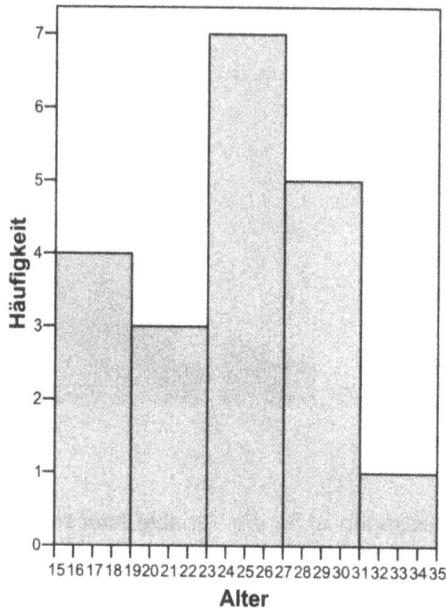

Frage A8 zum vorigen Histogramm

Welche Aussage kann beim obigen Histogramm **richtig** sein?

a) Die Personen sind zwischen 16 und 34 Jahre alt, wobei 10 Personen unter 20 sind.
b) Die Personen sind zwischen 17 und 34 Jahre alt, mehr als die Hälfte von ihnen ist über 30.
c) Die Personen sind zwischen 17 und 24 Jahre alt, wobei 6 genau 24 sind.
d) Die Personen sind zwischen 18 und 32 Jahre alt, mehr als die Hälfte ist unter 30.
e) Die Personen sind zwischen 16 und 32 Jahre alt, das mittlere Alter beträgt 18.

Frage A9

Nachfolgend sehen Sie fünf Scatterplots I bis V. Darunter ist eine Tabelle, welche für die fünf zugrunde liegenden Datensätze jeweils den Korrelationskoeffizient nach Pearson r sowie den Rangkorrelationskoeffizient r_s nach Spearman enthält. Ordnen Sie jedem Paar von Korrelationskoeffizienten den richtigen Scatterplot zu.

Plot I:

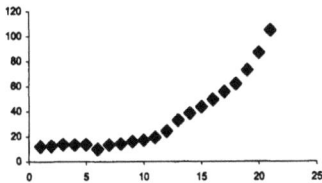

Plot II:

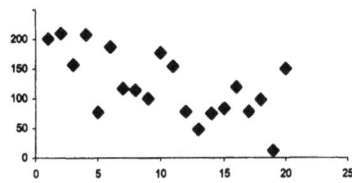

Plot III:

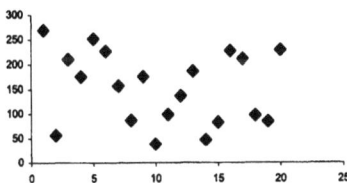

Plot IV:

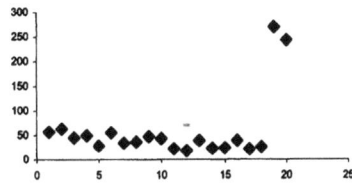

Plot V:

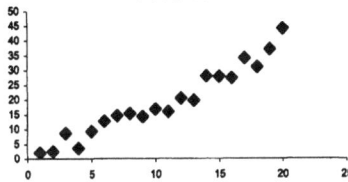

r	r_s	Antwortmöglichkeit
-0,640	-0,608	A
0,391	- 0,248	B
0,908	0,971	C
0,971	0,983	D
-0,205	-0,161	E

a) A Plot II / B Plot IV / C Plot I / D Plot V /E Plot III

b) A Plot I / B Plot II / C Plot III / D Plot IV / E Plot V

c) A Plot III / B Plot II / C Plot V / D Plot I / E Plot IV

d) A Plot IV / B Plot I / C Plot V / D Plot III / E Plot II

e) A Plot V / B Plot III / C Plot IV / D Plot II / E Plot I

Streudiagramm für die zwei nächsten Fragen A10 und A11

Beurteilen Sie das Streudiagramm:

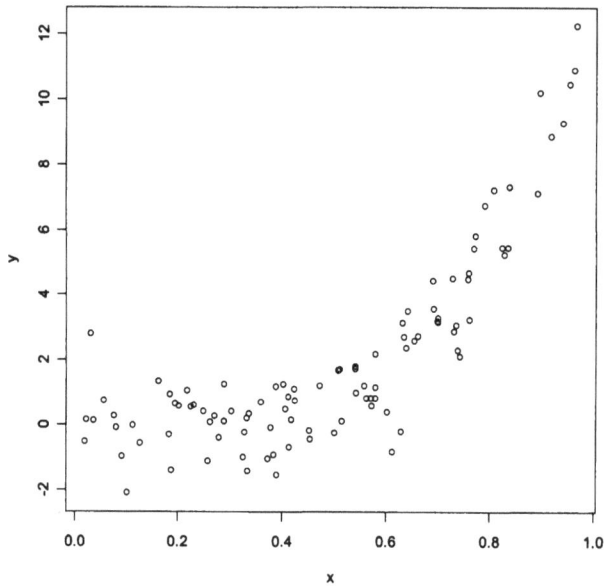

Frage A10 zum vorigen Streudiagramm

Es liegt folgender Zusammenhang vor:

a) linearer Zusammenhang
b) kein Zusammenhang
c) nicht linearer Zusammenhang
d) negativer Zusammenhang
e) monotoner Zusammenhang

Frage A11 zum vorigen Streudiagramm

Ein geeignetes Maß für den Zusammenhang bei dem Streudiagramm ist

a) der Spearman Korrelationskoeffizient
b) Cramer's V
c) der Pearson Korrelationskoeffizient
d) die Varianz
e) Yule's Q

Frage A12

Es wurde der Beschäftigungsstatus (arbeitslos / erwerbstätig) und zusätzlich das Geschlecht erhoben. Von insgesamt 97 Personen waren 24 weiblich und 39 arbeitslos. 42 Männer waren erwerbstätig. Berechnen Sie den Q-Koeffizienten von Yule. (Hinweis: Berücksichtigen Sie beim Ergebnis nur den absoluten Wert!)

a) 0,87
b) 0,19
c) 0,57
d) 0,37
e) Der Q-Koeffizient von Yule kann nicht berechnet werden.

Frage A13

Ein Kraftfahrer tankt nacheinander bei 4 Tankstellen. Die Benzinpreise (Euro pro Liter) betragen 0,70; 0,80; 0,90; 1,00. Wenn der Kraftfahrer bei jeder Tankstelle für 10 Euro tankt, beträgt der Durchschnittspreis:

a) 0,85
b) 0,90
c) 0,835
d) 8,5
e) Kann bei metrischen Variablen nicht berechnet werden.

Frage A14

200 Personen wurden nach ihrem Geschlecht und danach gefragt, ob sie aktiv Sport in einem Verein treiben.

	treiben Sport	treiben keinen Sport
Männlich	144	16
Weiblich	16	24

Berechnen Sie den korrigierten Kontingenzkoeffizienten nach Pearson.

a) 50
b) 0,447
c) 0,2
d) 0,632
e) Der Kontingenzkoeffizient kann hier nicht berechnet werden.

Boxplot für die nächsten drei Fragen A15 bis A17

Gegeben sind die folgenden Boxplots von Blutdruckwerten von Patienten auf einer Intensivstation, gereiht nachdem ob sie operiert oder nur beobachtet werden müssen (=Aufnahmetyp):

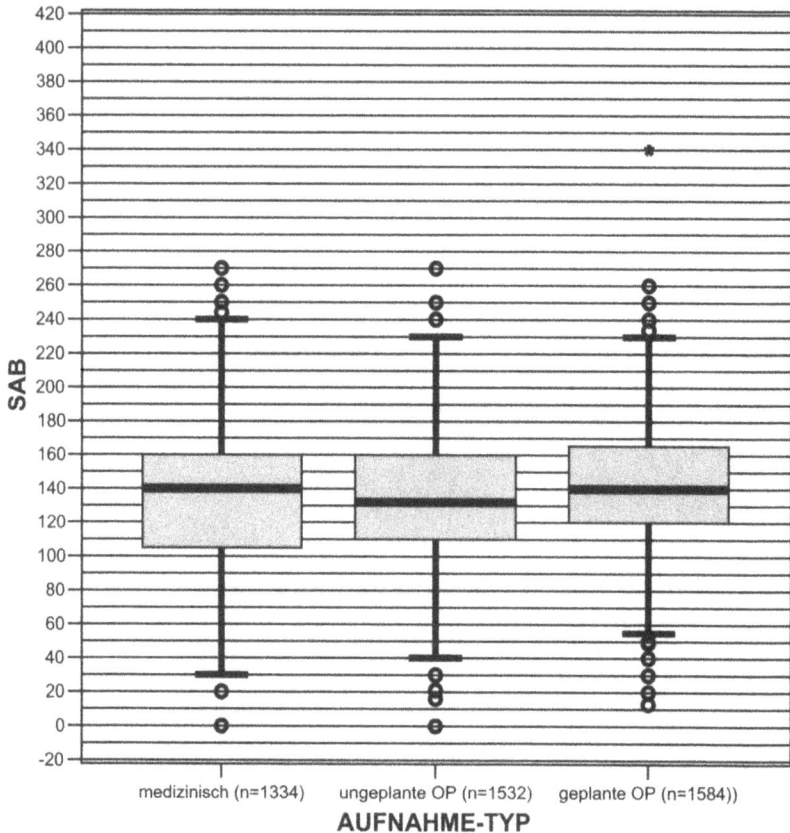

Legende:
SAB: systolischer arterieller Blutdruck
OP: Operation

Frage A15 zum vorigen Boxplot

Welche Bedeutung hat der Wert 230 des SAB für Patienten mit ungeplanter OP?

a) Minimum
b) Maximum
c) Median
d) Ausreißer
e) Maximum, das kein Ausreißer ist

Frage A16 zum vorigen Boxplot

Welche Aussage kann anhand des Boxplots richtigerweise gemacht werden?

a) Der größte beobachtete SAB war 420.
b) Patienten mit geplanter OP hatten einen deutlich höheren SAB als all anderen Patienten.
c) Mehr als 25% aller Patienten hatten einen SAB von 160 oder mehr.
d) Die Streuung des SAB war zwischen den Gruppen extrem verschieden.
e) Die Boxplots sind hier wenig sinnvoll, da der Aufnahmetyp ein nominal skaliertes Merkmal ist.

Frage A17 zum vorigen Boxplot

Wie groß ist das 1. Quartil des SAB für Patienten mit ungeplanter OP?

a) 50
b) 0
c) 40
d) 110
e) 160

Frage A18

Sie sind als AssistentIn der Geschäftsführung der ABC & Co KG beschäftigt. Da Sie für Ihre gute Statistik-Ausbildung bekannt sind, kommen die KollegInnen oft zu Ihnen und fragen, welche statistischen Maße für die jeweilige Fragestellung geeignet sind. In den Klammern sind die jeweiligen Methoden angegeben.

1. Messung des Zusammenhangs zwischen Werbeausgaben und Marktposition (Rangkorrelationskoeffizient nach Spearman).
2. Vergleich der Streuung der Umsätze in Österreich, den USA und im Senegal (Standardabweichung).
3. Mittlere Verzinsung eines Wertpapiers (arithmetisches Mittel).
4. Prognose von Umsatzzahlen für Filialen verschiedener Größe und Werbeetats (Regressionsanalyse).

a) Eine Antwort ist richtig
b) Zwei Antworten sind richtig
c) Drei Antworten sind richtig
d) Vier Antworten sind richtig
e) Keine Antwort ist richtig

Frage A19

Handelt es sich bei den folgenden (amtlichen) Statistiken um Sekundärstatistiken?

1. Volkszählung
2. Volkswirtschaftliche Gesamtrechnung
3. Arbeitslosenstatistik
4. Verbraucherpreisstatistik

   a) Eine Antwort ist richtig
   b) Zwei Antworten sind richtig
   c) Drei Antworten sind richtig
   d) Vier Antworten sind richtig
   e) Keine Antwort ist richtig

Frage A20

Die Spannweite für die Werte $x_1, ..., x_n$ ist:

   a) kein Streuungsmaß, weil nicht alle Werte berücksichtigt werden.
   b) ein Streuungsmaß für $x_1, ..., x_n$.
   c) ein Lagemaß, weil sie den größten und kleinsten Wert berücksichtigt.
   d) die Wurzel aus der Stichprobenvarianz.
   e) keine Antwort ist richtig.

Frage A21

Es soll untersucht werden, ob die Konfektionsgröße von Junggesellen (J) und Ehemännern (E) unterschiedlich ist. Dazu wurden die folgenden Daten erhoben:

| J 50 | E 52 | J 48 | E 56 | J 56 |

Berechnen Sie ein geeignetes Zusammenhangsmaß.

   a) 0,2
   b) 0,3
   c) 0,5
   d) 0,7
   e) Ein Zusammenhangsmaß kann in diesem Falle nicht berechnet werden.

Frage A22

Zur Untersuchung des erwarteten Auszahlungsbetrages von (unterschiedlich) verzinsten Pensionsvorsorgemodellen wurden 112 verschiedene Anbieter geprüft.

Betrachten Sie das Histogramm der Variable Auszahlungssumme:

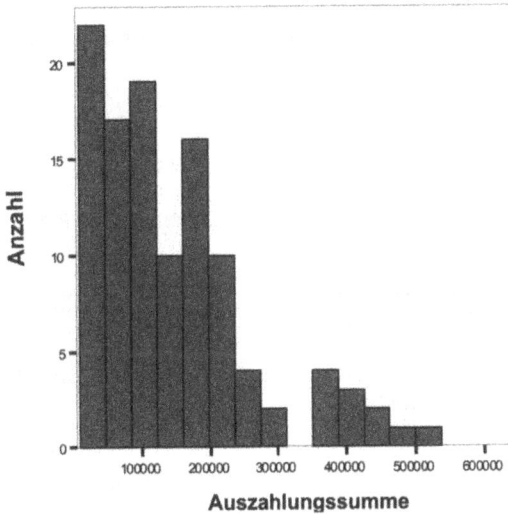

Welche der folgenden Aussagen ist für die Auszahlungssumme **richtig**?

a) Der Median ist größer als das arithmetische Mittel.
b) Das arithmetische Mittel und Median sind ungefähr gleich groß.
c) Das arithmetische Mittel ist größer als der Median.
d) Bei der Variablen Auszahlungssumme darf nur das arithmetische Mittel berechnet werden.
e) Aufgrund des Histogramms kann keine Aussage darüber getroffen werden, ob das arithmetische Mittel oder der Median größer sind.

Frage A23

Welche Aussage ist **falsch**?

a) Der Korrelationskoeffizient nach Spearman ist bei Ausreißern robuster als der nach Pearson.
b) Der Korrelationskoeffizient nach Spearman beschreibt monotone Zusammenhänge.
c) Der Korrelationskoeffizient nach Pearson ist nur für ordinal skalierte Variablen anwendbar.
d) Der Korrelationskoeffizient kann auch negativ sein.
e) Ein Korrelationskoeffizient von 0.9 weist auf einen starken positiven Zusammenhang hin.

Frage A24

50 Personen wurden gefragt, ob sie verheiratet sind und ob sie Kinder haben.

	Kinder	keine Kinder
Verheiratet	36	4
Ledig	4	6

Berechnen Sie den korrigierten Kontingenzkoeffizienten nach Pearson.

a) 5
b) 0,301
c) 0,707
d) 0,426
e) Der Kontingenzkoeffizient kann hier nicht berechnet werden.

Streudiagramm für die nächsten zwei Fragen A25 und A26

Bei 16 Kindern wurden das Alter und das Gewicht erhoben. Die Daten sind im folgenden Streudiagramm dargestellt.

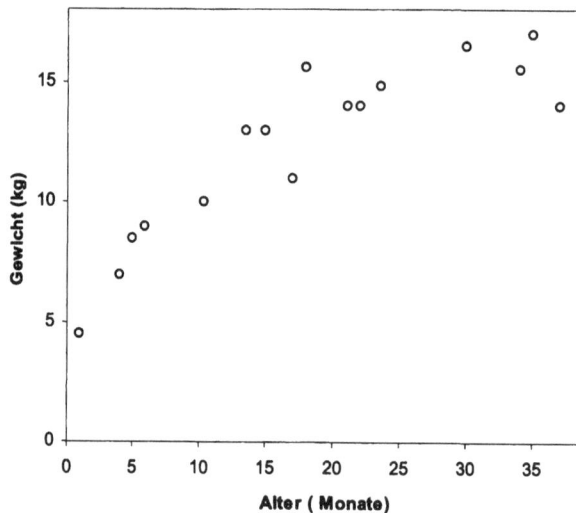

Frage A25 zum vorigen Streudiagramm

Zwischen Alter und Gewicht besteht ein

a) negativer Zusammenhang
b) positiver Zusammenhang
c) linearer Zusammenhang
d) kein Zusammenhang
e) nicht monotoner Zusammenhang

Frage A26 zum vorigen Streudiagramm

Zwischen Alter und Gewicht beträgt der Korrelationskoeffizient nach Spearman

a) 0,89
b) 0,49
c) -0,5
d) 1
e) 0,64

Frage A27

Bei 6 Personen wurden die Ausgaben für Frühstück für eine und für zwei Wochen erhoben:

Person	Eine Woche	Zwei Wochen
1	70	120
2	65	110
3	90	160
4	80	130
5	60	100
6	110	200

Der Korrelationskoeffizient nach Spearman beträgt

a) 0.2
b) -0.6
c) 0.1
d) 0
e) 1

Frage A28

Die Gehälter (pro Monat; in Tausend Euro) von 7 Gesellschaftern wurden wie folgt ermittelt:

$$4;\ 7;\ 6;\ 9;\ 11;\ 7;\ 5$$

Berechnen Sie den relativen Quartilsabstand!

a) 0,671
b) 0,571
c) 0,771
d) 0,871
e) Die Berechnung des relativen Quartilsabstandes macht bei einer metrischen Variablen keinen Sinn.

Frage A29

Welche Idealform hat die Bevölkerungspyramide von Indonesien im Jahre 2004?

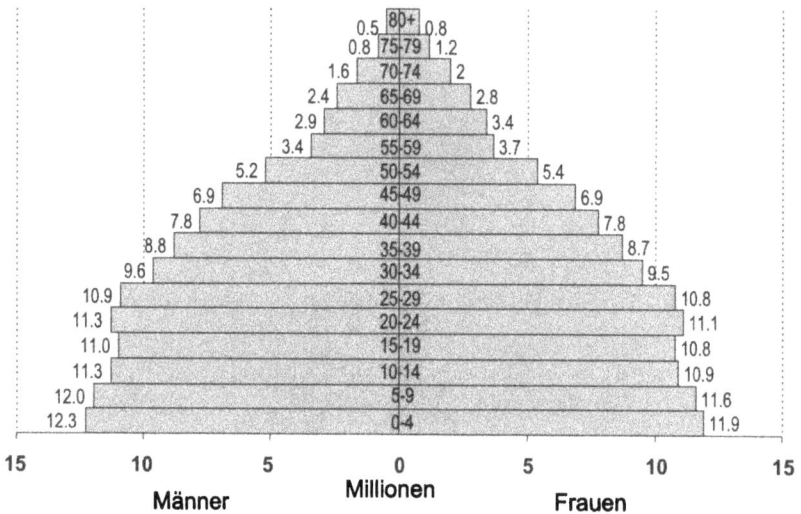

0.5	80+	0.8
0.8	75-79	1.2
1.6	70-74	2
2.4	65-69	2.8
2.9	60-64	3.4
3.4	55-59	3.7
5.2	50-54	5.4
6.9	45-49	6.9
7.8	40-44	7.8
8.8	35-39	8.7
9.6	30-34	9.5
10.9	25-29	10.8
11.3	20-24	11.1
11.0	15-19	10.8
11.3	10-14	10.9
12.0	5-9	11.6
12.3	0-4	11.9

15   10   5   0   5   10   15

Männer   Millionen   Frauen

a) Pyramide
b) Glocke
c) Bischofsmütze
d) Blatt
e) Histogramm

Frage A30

Welche Eigenschaften hat das Merkmal Trinkwassermenge pro Tag in Liter?

a) dichotom
b) metrisch
c) diskret
d) nominal
e) qualitativ

Frage A31

Für welche der folgenden Merkmale ist der Median ein geeignetes Lagemaß?

a) Nationalität
b) Behandelnder Arzt
c) Geschlecht
d) Wartezeit von Gästen auf das bestellte Essen (in Minuten)
e) Familienstand

Frage A32

In den folgenden Abbildungen 1 bis 3 sind Stabdiagramme für die dimensionslosen diskreten Merkmale X, Y und Z gegeben:

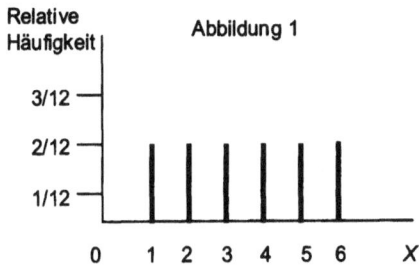

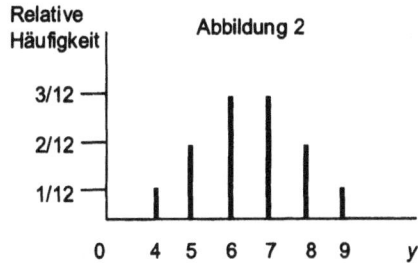

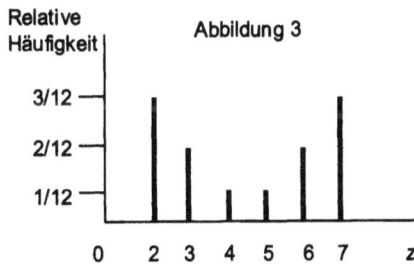

Welche Größenrelationen bestehen zwischen den arithmetischen Mitteln:

a) $\bar{x} < \bar{z} < \bar{y}$
b) $\bar{x} < \bar{y} < \bar{z}$
c) $\bar{y} < \bar{z} < \bar{x}$
d) Alle arithmetischen Mittel sind gleich.
e) Es dürfen in den Fällen die arithmetische Mittel nicht berechnet werden, sondern nur die Mediane.

Frage A33

Ein Streudiagramm dient zur Darstellung

a) einer metrischen Variable.
b) des Zusammenhangs zweier metrischer Variablen.
c) einer nominalen Variablen.
d) einer ordinaler Variablen.
e) des Zusammenhangs einer nominalskalierten und ordinalskalierten Variablen.

Histogramm zur nächsten Frage A34

Das folgende Histogramm stellt die Variable Alter von 20 Personen dar.

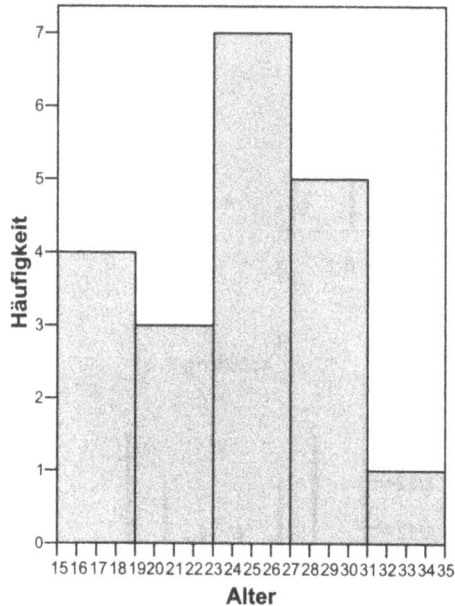

Frage A34 zum vorigen Histogramm

Welche Daten gehören zu dem Histogramm?

a) 14 16 17 18 20 20 21 24 24 24 25 25 25 26 28 28 28 29 29 34

b) 16 16 17 18 20 20 21 24 24 24 25 25 25 26 28 28 28 29 29 34

c) 16 16 17 18 18 20 21 24 24 24 25 25 25 26 27 28 28 29 29 34

d) 16 16 17 18 18 20 21 24 24 24 25 25 25 26 28 28 28 29 34 34

e) 16 16 17 18 20 20 20 23 24 24 25 25 25 26 28 28 28 29 29 36

Frage A35

Welche Werte werden im Allgemeinen zur Berechnung der Klassenbreite eines Histogramms herangezogen?

a) 1. und 3. Quartil
b) Minimum und Maximum
c) Mittelwert und Varianz
d) Median und Interquartilsdistanz
e) 2. Quartil und Maximum

Boxplots für die nächsten drei Fragen A36 bis A38

Gegeben sind die folgenden Boxplots der Zimmerbelegung eines Hotels (in Dauer und Anzahl der Gäste, nach 5 Suiten getrennt):

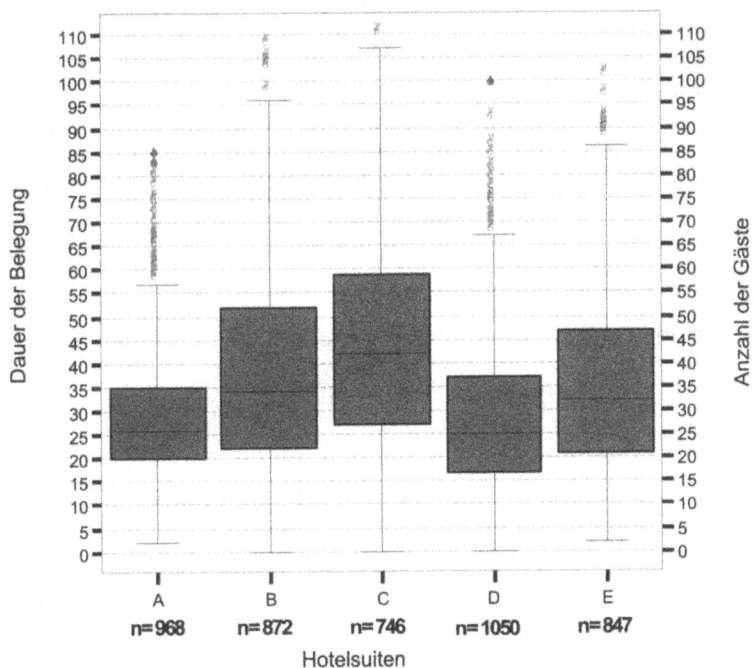

Frage A36 zu den vorigen Boxplots

Welche der folgenden Maßzahlen kann aus diesen Boxplots abgelesen werden?

a) 5%-Perzentil
b) Mittelwert
c) Standardabweichung
d) 3tes Quartil
e) Rangliste

Frage A37 zu den vorigen Boxplots

Welchen Median hat die Dauer der Belegung der Suite A?

a) 34
b) 26
c) 42
d) 32
e) 20

Frage A38 zu den vorigen Boxplots

Welche der folgenden Aussagen kann anhand der Boxplots richtigerweise gemacht werden?

  a) Bei ca. 25% der Suiten A war die Dauer der Zimmerbelegung größer oder gleich 35.
  b) Die Suite C hatte eine größere Dauer der Belegung als die Suite A.
  c) Die umgekehrte Darstellung, d.h. Boxplots für das Merkmal Suite getrennt nach den Werten der Dauer Zimmerbelegung wäre sinnvoller gewesen.
  d) Die Breite der Boxplots entspricht dem Stichprobenumfang in den Gruppen.
  e) Auf Suite A und C hat die Dauer der Zimmerbelegung die gleiche Variabilität.

Frage A39

Berechnen Sie den Median aus dem Merkmal Anzahl der Zigaretten pro Tag:

3   7   8   2   5   3   7

  a) 2
  b) 6
  c) 7
  d) 4
  e) 5

Frage A40

Welche Aussage ist **falsch**?

  a) Der Korrelationskoeffizient nach Pearson ist für ordinal skalierte Variablen nicht anwendbar.
  b) Der Korrelationskoeffizient nach Spearman ist bei Ausreißern robuster als der nach Pearson.
  c) Der Korrelationskoeffizient nach Pearson beschreibt den linearen Anteil eines Zusammenhangs.
  d) Der Korrelationskoeffizient nach Spearman ist nur für metrisch skalierte Variablen anwendbar.
  e) Ein Korrelationskoeffizient von -0.9 weist auf einen starken negativen Zusammenhang hin.

Frage A41

Welche der folgenden Graphiken eignet sich **am besten** zur Darstellung eines ordinalen Merkmals?

a) Streudiagramm
b) Stabdiagramm
c) Histogramm
d) gruppiertes Stabdiagramm
e) gestapeltes Stabdiagramm

Frage A42

Wie viele der verwendeten Diagrammtypen sind für die Datenbestände geeignet?

1. Umsatz und Beschäftigte im Jahr 2004 im Bergbau und verarbeitenden Gewerbe (für ausgewählte Wirtschaftsgruppen wie zum Beispiel Maschinenbau, Textilgewerbe, Holzverarbeitung) werden durch unterschiedliche Linientypen in einem Liniendiagramm dargestellt.
2. Der Viehbestand in 1000 Stück (Schweine, Rinder, Schafe) wird für die Bundesländer durch gestapelte Säulendiagramme dargestellt.
3. Die Gesamtvollstreckungsverfahren in den Bundesländern werden nach Rechtsformen (GmbH, OHG, sonstige) in einem Kreisdiagramm dargestellt.
4. Die Zahl der Arbeitslosen und die Zahl der offenen Stellen im Bundesgebiet werden für die Jahre 1944 bis 2004 in einem gestapelten Säulendiagramm dargestellt.

a) Eine Antwort ist richtig
b) Zwei Antworten sind richtig
c) Drei Antworten sind richtig
d) Vier Antworten sind richtig
e) Keine Antwort ist richtig

Frage A43

Wie viele der folgenden Merkmale sind diskret?

1. Krankentage eines Belegschaftsmitgliedes im Geschäftsjahr
2. Kraftstoffverbrauch eines Pkw pro 100 km
3. Anzahl der Studierenden Ihrer Fachrichtung
4. Nettoproduktindex von Österreich

a) Eine Merkmal ist diskret
b) Zwei Merkmale sind diskret
c) Drei Merkmale sind diskret
d) Vier Merkmale sind diskret
e) Keines der Merkmale ist diskret

28

Frage A44

Bei einer Geschmacksprüfung eines neuen Produktes vergibt ein Proband H. für die verschiedenen Varianten folgende Geschmacksstufen:

Variante	A	B	C	D	E	F
Proband H.	4	2	1	3	5	6

Der Proband S. hatte die Produkte ebenfalls einer geschmacklichen Prüfung unterzogen und es ergab sich ein Rangkorrelationskoeffizient nach Spearman von $r_s = -1$. Wie lautet die Rangfolge der Geschmacksbewertung von S.?

a)

Variante	A	B	C	D	E	F
Proband S.	4	2	1	3	5	6

b)

Variante	A	B	C	D	E	F
Proband S.	3	5	6	4	2	1

c)

Variante	A	B	C	D	E	F
Proband S.	6	5	4	3	2	1

d) Der Rangkorrelationskoeffizient kann in diesem Falle nicht berechnet werden.
e) Ein Rangkorrelationskoeffizient von −1 ist in der Praxis nicht möglich.

Frage A45

Wie viele der folgenden Erhebungen bzw. Ergebnisse sind als repräsentativ zu werten?

1. In einer Sendung zum Thema Parapsychologie werden die Zuschauer aufgerufen, telefonisch mitzuteilen, ob sie bereits übernatürliche Wahrnehmungen hatten. Eine große Mehrheit der Anrufer bejaht dies.
2. Bei einer Befragung mittwochs um 10.00 Uhr morgens auf dem Marktplatz wurde eine Arbeitslosenquote von über 20% ermittelt.
3. Ein Unternehmen möchte die Kundenzufriedenheit anhand der Zuschriften seiner Kunden abschätzen. Es ergibt sich ein niederschmetterndes Ergebnis.
4. An einer Universität wurde ein BWL-Studienjahrgang neu eingerichtet. Nach zehn Semestern liegt eine Statistik vor, wonach die Studiendauer in diesem Studiengang die kürzeste aller österreichischen BWL-Studiengänge ist.

    a) Eine Antwort ist richtig
    b) Zwei Antworten sind richtig
    c) Drei Antworten sind richtig
    d) Vier Antworten sind richtig
    e) Keine Antwort ist richtig

Frage A46

In den folgenden Abbildungen 1 bis 3 sind Stabdiagramme für die dimensionslosen diskreten Merkmale X, Y und Z gegeben:

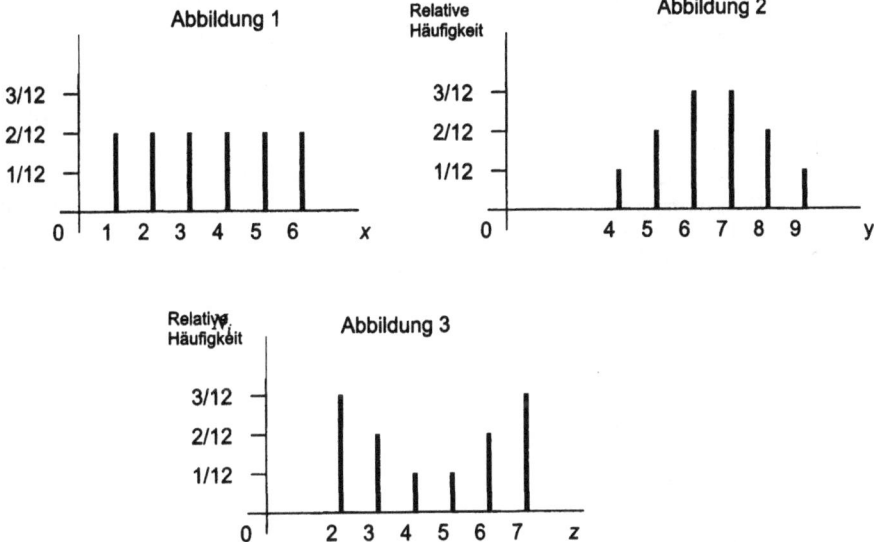

Abbildung 1

3/12
2/12
1/12

0 1 2 3 4 5 6   x

Relative Häufigkeit

Abbildung 2

3/12
2/12
1/12

0   4 5 6 7 8 9   y

Relative Häufigkeit

Abbildung 3

3/12
2/12
1/12

0   2 3 4 5 6 7   z

Welche Größenrelationen bestehen zwischen den Stichprobenvarianzen:

a) $s_y < s_x < s_z$
b) $s_x < s_y < s_z$
c) $s_y < s_z < s_x$
d) Alle Varianzen sind gleich.
e) Es dürfen in diesen Fällen die Stichprobenvarianzen nicht berechnet werden, sondern nur die Quartilsabstände.

Frage A47

Wie viele der folgenden Merkmale sind stetig?

1. Jahresumsatz einer Unternehmung, ausgedrückt in Tausend Euro.
2. Betriebszustand eines Lichtschalters.
3. Konkrete Füllmenge einer 0,5l-Flasche
4. Ein Qualitätsmerkmal in einer Gut/Schlecht-Prüfung.

a) Ein Merkmal ist stetig
b) Zwei Merkmale sind stetig
c) Drei Merkmale sind stetig
d) Vier Merkmale sind stetig
e) Keines der Merkmale ist stetig

Frage A48

Wie viele der verwendeten Diagrammtypen sind für die Datenbestände geeignet?

1. Umsatz und Beschäftigte im Jahr 2004 im Bergbau und verarbeitenden Gewerbe (für ausgewählte Wirtschaftsgruppen wie zum Beispiel Maschinenbau, Textilgewerbe, Holzverarbeitung) werden durch ein gruppiertes Stabdiagramm dargestellt.
2. Der Altersaufbau der Bevölkerung im Bundesgebiet wird mit der Klasseneinteilung (in Jahren) [0;20), [20;30), [30;40), [40;50). [50;60) und [60;100) in einem Kreisdiagramm dargestellt.
3. In einem Streudiagramm wird bezogen auf 100 Haushalte gegenübergestellt, mit welchen Energieträgern (Gas, Öl, Nachtstrom, Fernwärme, Kohle, sonstige) in den Bundesländern geheizt wird.
4. Die Exporte westlicher Industrieländer in Jahr 2004 in die Ostblock-Staaten werden mit in etwa maßstäblich gezeichneten Lkw als Bildsymbol dargestellt. Die Lkw fahren auf einer immer kleiner werdenden Straße in den Hintergrund des Schaubildes.

   a) Eine Antwort ist richtig
   b) Zwei Antworten sind richtig
   c) Drei Antworten sind richtig
   d) Vier Antworten sind richtig
   e) Keine Antwort ist richtig

Frage A49

Wie viele der folgenden Merkmale sind dichotom?

1. Anzahl der schlechten Teile einer Lieferung.
2. Häufigkeit der Unterbrechung des Arbeitsvorganges an einem Maschinenarbeitsplatz in einer Fabrik
3. Ein Qualitätsmerkmal in einer Gut/Schlecht-Prüfung
4. Betriebszustand eines Lichtschalters.

   a) Eine Merkmal ist dichotom
   b) Zwei Merkmale sind dichotom
   c) Drei Merkmale sind dichotom
   d) Vier Merkmale sind dichotom
   e) Keines der Merkmale ist dichotom

Frage A50

Wie viele der folgenden Behauptungen sind **richtig**?

1. Das arithmetische Mittel ist in linkssteilen unimodalen Verteilungen größer als der Median.
2. Wenn alle Beobachtungswerte identisch sind, besitzen arithmetisches und geometrisches Mittel denselben Wert.
3. Bei der Berechnung des harmonischen Mittels dürfen die Beobachtungswerte nicht den Wert Null annehmen.
4. Für eine rechtssteile unimodale Verteilung gilt, dass der Modus größer ist als der Median.

    a) Eine Antwort ist richtig
    b) Zwei Antworten sind richtig
    c) Drei Antworten sind richtig
    d) Vier Antworten sind richtig
    e) Keine Antwort ist richtig

Frage A51

Eine Unternehmung weist für die Jahre 1995 bis 1999 die folgenden Wachstumsraten ihres Umsatzes aus: 100% (1995), 50% (1996), 100% (1997), 33,3% (1998) und 300% (1999).

Die durchschnittliche Wachstumsrate in % beträgt:

    a) 100%
    b) 87%
    c) 117%
    d) 1997
    e) Kann nicht berechnet werden.

Frage A52

Wie viele der folgenden Aussagen sind **richtig**?

1. Analyse der Marktchancen in Portugal durch Anforderung von Unterlagen aus dortigen statistischen Amt ist eine Primärstatistik.
2. Eine Verteilung, für die $\bar{x} < \tilde{x}$ gilt, ist nicht symmetrisch.
3. Ist $r^2 = +1$, so ist dies ein Beweis dafür, dass zwischen den betrachteten metrischen Merkmalen eine kausale Beziehung steht.
4. Korrelationskoeffizient und Kovarianz stimmen stets überein.

    a) Eine Antwort ist richtig
    b) Zwei Antworten sind richtig
    c) Drei Antworten sind richtig
    d) Vier Antworten sind richtig
    e) Keine Antwort ist richtig

Angabe zu den nächsten vier Fragen A53 bis A56

Die wichtigsten Streuungsmaße sind:

1. Spannweite:
   Die Differenz zwischen dem größten und kleinsten Beobachtungswert.
2. Stichprobenvarianz:
   Das arithmetische Mittel der Abstandsquadrate jedes Beobachtungswertes vom arithmetischen Mittel.
3. Standardabweichung:
   Die positive Wurzel aus der mittleren quadratischen Abweichung.
4. Variationskoeffizient:
   Das Verhältnis von Standardabweichung zu arithmetischen Mittel.

Ordnen Sie in der nachfolgenden Tabelle die angegebenen richtigen Vor- und Nachteile den angeführten Streuungsmaßen zu (mehrmalige Verwendung erlaubt!):

Vorteile:
   a) alle Daten werden verwendet
   b) leichte Berechnung möglich
   c) relatives, das heißt dimensionsloses Streuungsmaß, besonders für Vergleiche mehrerer Grundgesamtheiten geeignet

Nachteile:
   d) keine ausreichende Information über die Verteilung der Grundgesamtheit
   e) schwierig zu interpretieren, da die Dimension im Quadrat erhoben ist

	Vorteile			Nachteile	
	a)	b)	c)	d)	e)
Frage A53: Spannweite					
Frage A54: Stichprobenvarianz					
Frage A55: Standardabweichung					
Frage A56: Variationskoeffizient					

Frage A57

Ein Kraftfahrer tankt nacheinander bei 4 Tankstellen. Die Benzinpreise (Euro pro Liter) betragen 0,70; 0,80; 0,90; 1,00. Wenn der Kraftfahrer bei jeder Tankstelle 20l Benzin tankt, beträgt der Durchschnittspreis:

   a) 0,85
   b) 0,90
   c) 0,835
   d) 17
   e) Kann nicht berechnet werden.

Frage A58

Wie viele der folgenden Aussagen sind **richtig**?

1. Der Korrelationskoeffizient misst die kausale (lineare) Beziehung zwischen metrischen Merkmalen.
2. Wenn $r = \pm 1$ ist, dann besteht ein vollständiger kausaler Zusammenhang zwischen den betrachteten Merkmalen.
3. Die Stichprobenvarianz wird stets größer, wenn der Umfang der zu beschreibenden Gesamtheit erhöht wird.
4. Das arithmetische Mittel wird im Gegensatz zum Median von Extremwerten (Ausreißern) beeinflusst.

    a) Eine Antwort ist richtig
    b) Zwei Antworten sind richtig
    c) Drei Antworten sind richtig
    d) Vier Antworten sind richtig
    e) Keine Antwort ist richtig

Frage A59

Wie viele der folgenden Aussagen sind **richtig**?

1. Bei einer vollständigen linearen Beziehung zwischen zwei metrischen Merkmalen gilt für den Korrelationskoeffizient $r = -1$ oder $r = +1$.
2. Bei ordinalen Merkmalen ist das Verhältnis zweier Merkmalsausprägungen nicht sinnvoll interpretierbar.
3. Relative Streuungsmaße – wie zum Beispiel der Variationskoeffizient – ermöglichen den Vergleich unterschiedlicher Verteilungen von Merkmalen verschiedenen Typs.
4. Die Stichprobenvarianz eines metrischen Merkmals X ist stets positiv, es sei denn, es gilt, dass alle Merkmalsausprägungen negativ sind.

    a) Eine Antwort ist richtig
    b) Zwei Antworten sind richtig
    c) Drei Antworten sind richtig
    d) Vier Antworten sind richtig
    e) Keine Antwort ist richtig

Frage A60

Neun Studierende erzielen in einer Statistikklausur folgende Noten: 4, 2, 3, 4, 2, 5, 4, 2, 4. Die Durchschnittnote beträgt:

    a) 4
    b) 3,33
    c) 3,5
    d) Die Durchschnittsnote kann nicht berechnet werden.
    e) Die Durchschnittsnote macht nur bei ausschließlich positiven Noten Sinn.

Frage A61

Wie viele der folgenden Aussagen sind **richtig**?

1. Aus dem Bestimmtheitsmaß lässt sich ohne weitere Information der Korrelationskoeffizient nach Bravais/ Pearson ableiten.
2. Die Richtung eines Zusammenhangs zwischen metrischen Merkmalen wird durch die Stichprobenkovarianz determiniert.
3. Gegen eine Berechnung des Modus für metrische Merkmale sprechen keine methodischen Gründe, sondern lediglich der mögliche Informationsverlust.
4. Der lineare Zusammenhang zweier metrischer Merkmale ist stets positiv, wenn der Regressionskoeffizient positiv ist.

   a) Eine Antwort ist richtig
   b) Zwei Antworten sind richtig
   c) Drei Antworten sind richtig
   d) Vier Antworten sind richtig
   e) Keine Antwort ist richtig

Frage A62

Wie viele der folgenden Aussagen sind **richtig**?

1. Mit dem Korrelationskoeffizienten kann auch die Stärke nicht-linearer Beziehungen zwischen zwei metrischen Merkmalen gemessen werden.
2. Der Preis eines Produktes steigt innerhalb von 10 Jahren von 1 Euro auf 4 Euro, das heißt um 300%. Damit beträgt die durchschnittliche jährliche Wachstumsrate 300%/10 = 30%.
3. Die Berechnung des Medians eines Merkmals setzt voraus, dass die Differenzen zwischen den Merkmalsausprägungen sinnvoll definiert sind.
4. Bei einer Teilerhebung interessiert nur ein Teil der möglichen Merkmalsausprägungen des untersuchten Merkmals.

   a) Eine Antwort ist richtig
   b) Zwei Antworten sind richtig
   c) Drei Antworten sind richtig
   d) Vier Antworten sind richtig
   e) Keine Antwort ist richtig

Frage A63

Der Begriff „Beobachtungseinheit" bezeichnet

   a) die Maßeinheit, in der die Ergebnisse für quantitative Merkmale angegeben werden
   b) die technische Ausrüstung zur Durchführung des Versuchs
   c) das einzelne Objekt, an dem jeweils Beobachtungen vorgenommen werden
   d) das einzelne Versuchsergebnis
   e) die Personen, die den Versuch durchführen

Frage A64

Wie viele der folgenden Aussagen sind **richtig**?

1. Der Modus ist nicht für jede Verteilung eindeutig bestimmbar.
2. Es gibt Verteilungen von Merkmalen mit einer Standardabweichung von -4 und einer Varianz von +16.
3. Angenommen, eine Gesamtheit ist in zwei Teilgesamtheiten (1 und 2) zerlegt. Dann ist stets $\bar{x} = \frac{\bar{x}_1 + \bar{x}_2}{2}$ das arithmetische Mittel der Gesamtheit.
4. Die charakteristische Eigenschaft ordinaler Merkmale lässt sich an folgender Aussage zeigen: Die Note 4 ist doppelt so schlecht wie die Note 2.

   a) Eine Antwort ist richtig
   b) Zwei Antworten sind richtig
   c) Drei Antworten sind richtig
   d) Vier Antworten sind richtig
   e) Keine Antwort ist richtig

Frage A65

Wie viele der folgenden Aussagen sind **richtig**?

1. Der Preis eines Produkts steigt in drei Jahren von 80 Euro auf 106,48 Euro. Dann beträgt die durchschnittliche jährliche Preissteigerungsrate genau 10%.
2. Eine Partei hat bei einer Landtagswahl 12% der Stimmen auf sich vereinigt; vier Jahre später sind es – bei gleicher Wahlbeteiligung – nur noch 9,6%. Die Partei hat also insgesamt 2,4% ihrer Stimmen verloren.
3. Folgende Merkmale gehören zum Typ der qualitativen Merkmale: Klausurnoten, Punkteanzahl im Turnwettkampf, Rückennummer der Fußballspieler, Temperatur gemessen in Grad Fahrenheit.
4. Ein Zusammenhangsmaß Z ($0 \leq Z \leq 1$) nimmt den Wert 1 an. Daraus ist zu schließen, dass zwischen den betrachteten Merkmalen ein vollständiger kausaler Zusammenhang besteht.

   a) Eine Antwort ist richtig
   b) Zwei Antworten sind richtig
   c) Drei Antworten sind richtig
   d) Vier Antworten sind richtig
   e) Keine Antwort ist richtig

Frage A66

Wie viele der folgenden Aussagen sind **richtig**?

1. Der Variationskoeffizient ist ein Streuungsmaß für verhältnisskalierte Merkmale, welches von der jeweiligen Maßeinheit der Merkmale unabhängig ist.
2. Für das arithmetische Mittel $\bar{x}$ gilt stets: Minimum $\leq \bar{x} \leq$ Maximum.
3. Die Kalenderzeit und die geographische Höhe sind intervallskalierte Merkmale.
4. Die Volkszählung ist ein Beispiel für eine Primärstatistik.

   a) Eine Antwort ist richtig
   b) Zwei Antworten sind richtig
   c) Drei Antworten sind richtig
   d) Vier Antworten sind richtig
   e) Keine Antwort ist richtig

Frage A67

Ein Unternehmen erhöht die Preise des Produktes A (monatl. Absatz 2000 Stück) um 0,60 Euro, des Produktes B (20 Stück) um 0,20 Euro. Die durchschnittliche Erhöhung beträgt:

   a) 0,40
   b) 0,54
   c) 0,60
   d) 1100
   e) Die Durchschnittsberechnung ist in diesem Falle nicht möglich.

Frage A68

Wie viele der folgenden Aussagen sind **richtig**?

1. Der Stimmanteil der Partei XYZ fiel bei den letzten Landtagswahlen um 1,3 Prozentpunkte von 18,7 auf 17,4 Prozent der angegebenen Stimmen.
2. Der Median ist ein geeignetes Lagemaß für ordinale und metrische Merkmale.
3. Das Maß von Cramer ist ein Zusammenhangsmaß für qualitative Merkmale.
4. Der Familienstand einer Person österreichischer Herkunft ist ein häufbares Merkmal.

   a) Eine Antwort ist richtig
   b) Zwei Antworten sind richtig
   c) Drei Antworten sind richtig
   d) Vier Antworten sind richtig
   e) Keine Antwort ist richtig

Frage A69

Wie viele der folgenden Aussagen sind **richtig**?

1. Die Stichprobenkovarianz s_{xy} misst die gemeinsame lineare Streuung der Merkmale X und Y.
2. Die Merkmale Höhe des Haushaltseinkommens, Haushaltsgröße und Art des Einkommens (Einkunftsart) haben zumindest ordinales Skalenniveau.
3. Das Stabdiagramm ist eine geeignete Darstellungsform für ein diskretes Merkmal.
4. Das Merkmal Beruf ist ein häufbares Merkmal.

  a) Eine Antwort ist richtig
  b) Zwei Antworten sind richtig
  c) Drei Antworten sind richtig
  d) Vier Antworten sind richtig
  e) Keine Antwort ist richtig

Frage A70

Wie viele Fehler hat die folgende Datenmatrix:

lfd. Nr.	Einkommen	Alter	Gewicht
1	3200	54	78
2	3200	22.05.1953	
3	fehlt	66	65 kg
4	2300	?	59
5	2100	49	92

  a) Einen Fehler
  b) Zwei Fehler
  c) Drei Fehler
  d) Vier Fehler
  e) Fünf Fehler

Frage A71

Zu welchem Zeitpunkt sollte bei einer Studie überlegt werden, welche statistische Analysemethode(n) verwendet werden sollen?

  a) vor dem Formulieren der Fragestellungen (Studiendesign)
  b) unmittelbar nachdem alle Daten vorliegen (vorher ist nicht möglich)
  c) der geeignete Zeitpunkt ergibt sich von selbst im Laufe der Studie
  d) dieser Zeitpunkt ist irrelevant
  e) vor Beginn der Datensammlung

Frage A72

Wie viele Fehler hat die folgende Datenmatrix:

lfd. Nr.	Einkommen	Alter	Gewicht
1	3200	54	78
2	< 3200	22.05.1953	Übergewicht
3	fehlt	66	65
4	2300		59
5	2100	49	92

a) Einen Fehler
b) Zwei Fehler
c) Drei Fehler
d) Vier Fehler
e) Fünf Fehler

Frage A73

Wie viele Fehler hat die folgende Datenmatrix:

lfd. Nr.	Einkommen	Alter	Gewicht
1	etwa 1000	54	78
2	3200	72	55
3		66	65
4	2300		geheim
5	2100	?	92

a) Einen Fehler
b) Zwei Fehler
c) Drei Fehler
d) Vier Fehler
e) Fünf Fehler

Frage A74

Wie muss der Stichprobenumfang n geändert werden, um den Standardfehler des Mittelwerts zu halbieren?

a) n muss ebenfalls halbiert werden
b) n muss verdoppelt werden
c) n muss vervierfacht werden
d) dazu ist ein Stichprobenumfang von $\sqrt{2n}$ erforderlich
e) n muss nicht geändert werden, da der Standardfehler des Mittelwerts unabhängig von n ist

Frage A75

Wie viele der folgenden Aussagen sind **richtig**?

1. Das Maß von Cramer ist ein Zusammenhangsmaß auf der Basis χ^2 für qualitative Merkmale.
2. Eine Bank gibt für ein Anlagepapier an, dass für das erste Drittel der Anlagezeit eine jährliche Verzinsung von 4%, für die restliche Laufzeit eine von 7% erfolgt. Die Durchschnittsverzinsung ergibt sich daher zu 5,99%.
3. In einem Verein zahlen 120 Mitglieder einen Jahresbeitrag von 200 Euro, 30 einen von 150 Euro und 70 einen von 50 Euro. 10 Ehrenmitglieder sind beitragsfrei. Der Durchschnittsbeitrag pro Mitglied ergibt sich daher zu 139,13 Euro.
4. Die Zahl der Arbeitslosen eines Landes beträgt 2,8 Mio., was einer Arbeitslosenquote von 10,1% entspricht. Ein anderes Land hat 1,2 Mio. Arbeitslose, entsprechend 16,7%. Die (durchschnittliche) Arbeitslosenquote für beide Länder ist 13,4%

a) Eine Antwort ist richtig
b) Zwei Antworten sind richtig
c) Drei Antworten sind richtig
d) Vier Antworten sind richtig
e) Keine Antwort ist richtig

Frage A76

Der Korrelationskoeffizient nach Pearson des folgenden Streudiagramms ergibt sich zu:

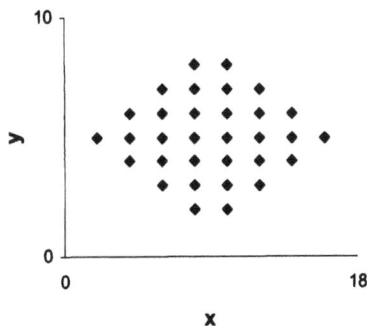

a) 0
b) 1
c) -1
d) 0,5
e) Der Korrelationskoeffizient nach Pearson kann in diesem Fall nicht berechnet werden.

Streudiagramm für die nächsten zwei Fragen A77 und A78

Das folgende Streudiagramm zeigt die Zufriedenheit der Mensa allgemein und die Zufriedenheit der Qualität der Speisen.

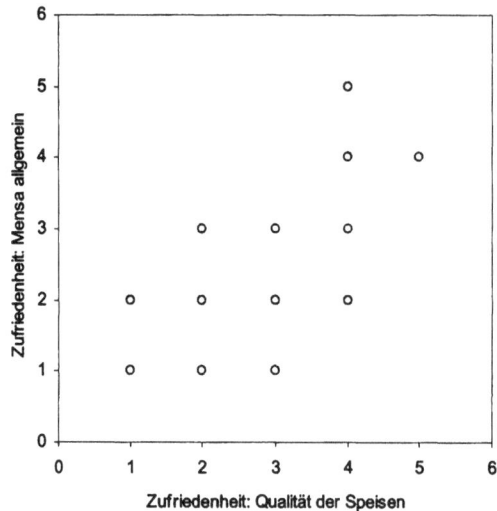

Frage A77 zum vorigen Streudiagramm

Zwischen Zufriedenheit der Mensa allgemein und Zufriedenheit der Qualität der Speisen besteht ein

a) negativer Zusammenhang.
b) in einem Streudiagramm kann prinzipiell kein Zusammenhang erkannt werden.
c) positiver Zusammenhang.
d) der Zusammenhang hängt vom Median der Qualität der Speisen ab.
e) nicht monotoner Zusammenhang.

Frage A78 zum vorigen Streudiagramm

Zwischen Zufriedenheit der Mensa allgemein und Zufriedenheit der Qualität der Speisen beträgt der Korrelationskoeffizient nach Spearman

a) 0,665.
b) 0,865.
c) -0,665.
d) nahe bei 1.
e) Der Korrelationskoeffizient nach Spearman kann in diesem Falle nicht berechnet werden.

Frage A79

Der Korrelationskoeffizient nach Pearson des folgenden Streudiagramms ergibt sich zu:

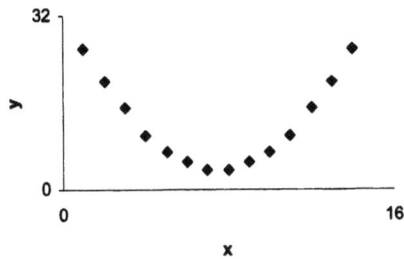

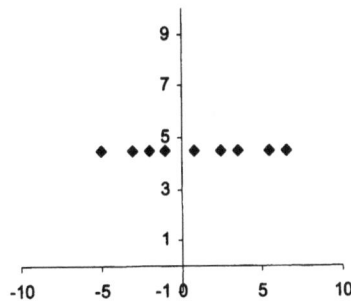

a) 0
b) 1
c) -1
d) 0,5
e) Der Korrelationskoeffizient nach Pearson kann in diesem Fall nicht berechnet werden.

Frage A80

Der Korrelationskoeffizient nach Pearson des folgenden Streudiagramms ergibt sich zu:

a) 0
b) 1
c) -1
d) 0,5
e) Der Korrelationskoeffizient nach Pearson kann in diesem Fall nicht berechnet werden.

Der Korrelationskoeffizient nach Pearson des folgenden Streudiagramms ergibt sich
zu:

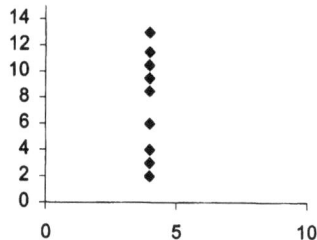

  a) 0
  b) 1
  c) -1
  d) 0,5
  e) Der Korrelationskoeffizient nach Pearson kann in diesem Fall nicht berechnet
     werden.

Frage A82

Ordnen Sie den folgenden Begriffen die Definitionen zu:

1. arithmetisches Mittel	I. Die Summe aller Elemente dividiert durch die Anzahl
2. Modalwert	II. Der häufigste Wert der Liste
3. Spannweite	III. Differenz zwischen den größten und kleinsten Wert
4. unteres Quartil	IV. Der Wert der genau in der Mitte der geordneten Liste steht
5. Median	V. Der Median der unteren Hälfte

  a) 1-I; 2-II; 3-III, 4-IV; 5-V
  b) 1-II; 2-III: 3-IV; 4-V; 5-I
  c) 1-III; 2-IV; 3-V; 4-I; 5-II
  d) 1-IV; 2-V; 3-I; 4-II; 5-III
  e) 1-V; 2-I; 3-II; 4-III; 5-IV

Frage A83

Die Korrelationskoeffizienten nach Pearson wurden bei den folgenden fünf Streudiagrammen berechnet und unabsichtlich der Größe nach sortiert:

-0,13; 0,10; 0,55, 0,80, 1,00

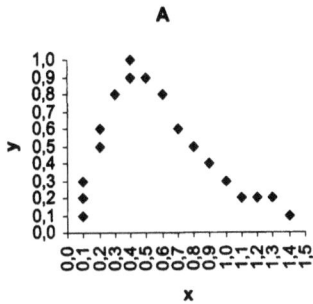

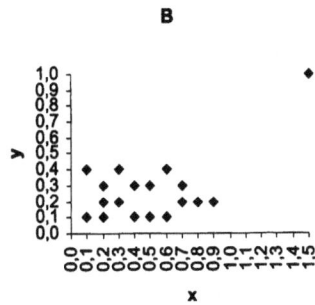

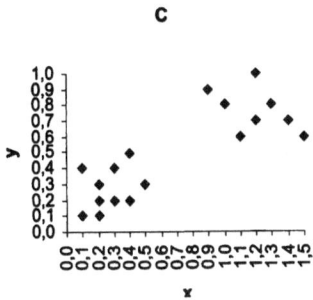

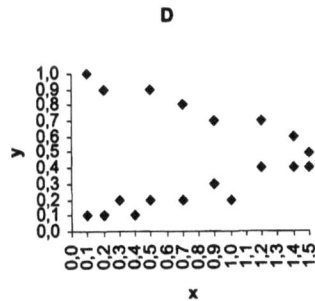

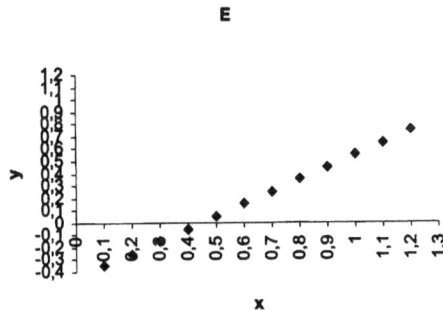

Ordnen Sie die Streudiagramme entsprechend der Korrelationskoeffizienten nach Pearson:

a) A; B; C; D; E

b) A; D; B; C; E

c) B; A; D; C; E

d) C; D; E; A; B

e) D; B; A; C; E

Histogramme für die Frage A84

Nachfolgend sind drei Histogramme abgebildet:

Histogramm A:

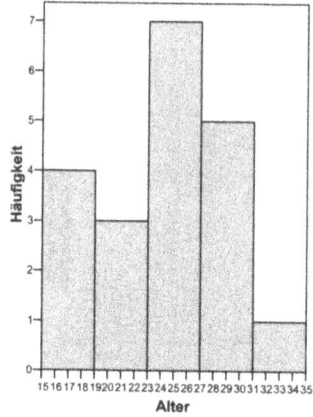

Histogramm B:

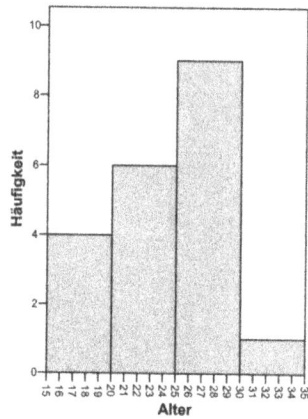

Histogramm C:

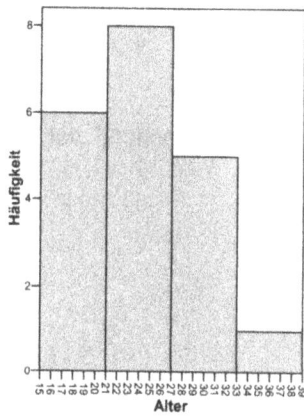

Frage A84 zu den vorigen drei Histogrammen

Welche Histogramme stammen von den gleichen Daten:

a) A und B
b) B und C
c) A und C
d) Alle Histogramme stammen von den gleichen Daten
e) Alle stammen von unterschiedlichen Daten

Boxplots für die Frage A85

Nachfolgend sind vier Boxplots zum Merkmal Intelligenzquotient abgebildet:

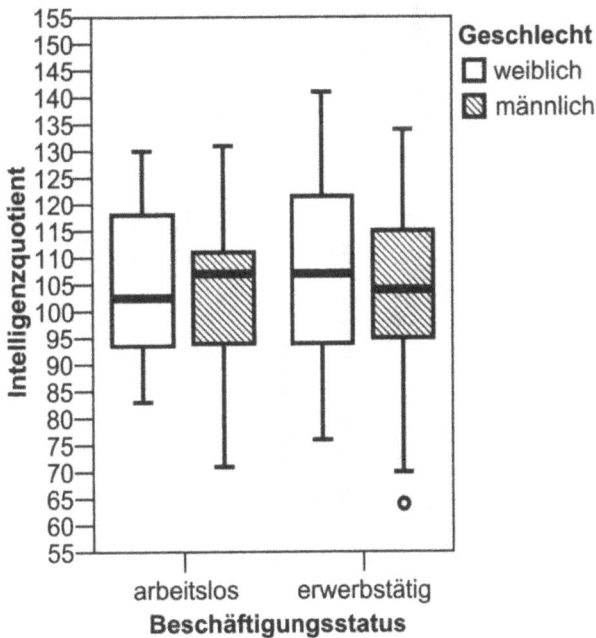

Frage A85 zu den vorigen Boxplots

Welche Aussage ist in Bezug auf den Intelligenzquotient **falsch**?

a) Der Interquartilsabstand der erwerbstätigen Frauen ist 30.
b) Das Minimum der arbeitslosen Frauen ist 83.
c) Das Minimum der erwerbstätigen Männer ist 70.
d) Die Spannweite der erwerbstätigen Männer ist 70.
e) Die Spannweite der arbeitslosen Männer ist 60.

| Säulendiagramme zur Frage A86 |

Nachfolgend sind gruppierte Säulendiagramme der Merkmale Alkoholkonsum und Geschlecht mit dem Stichprobenumfang 97 dargestellt:

Säulendiagramm A:

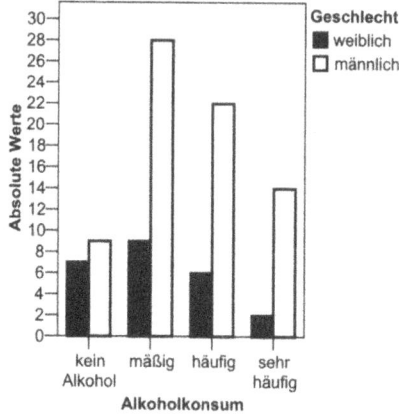

Säulendiagramm B:

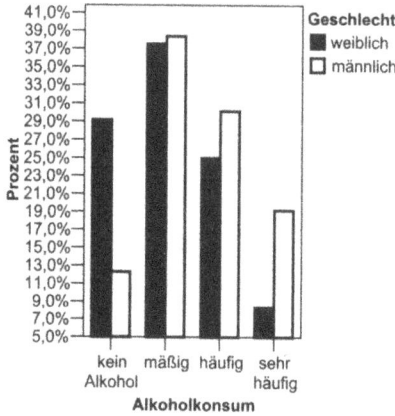

Säulendiagramm C:

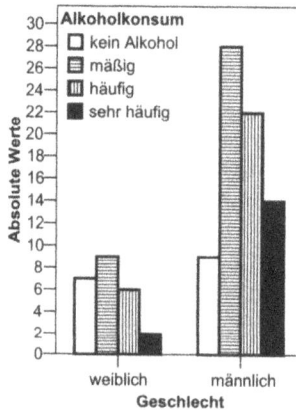

Frage A86 zu den vorigen drei Säulendiagrammen

Welche gruppierten Säulendiagramme stammen von den gleichen Daten:

- a) Alle gruppierten Säulendiagramme stammen von den gleichen Daten.
- b) Alle stammen von unterschiedlichen Daten.
- c) A und B
- d) B und C
- e) A und C

Histogramme zur Frage A87

Die folgende Abbildung zeigt Histogramme des Merkmals Körpergröße in Abhängigkeit vom Geschlecht.

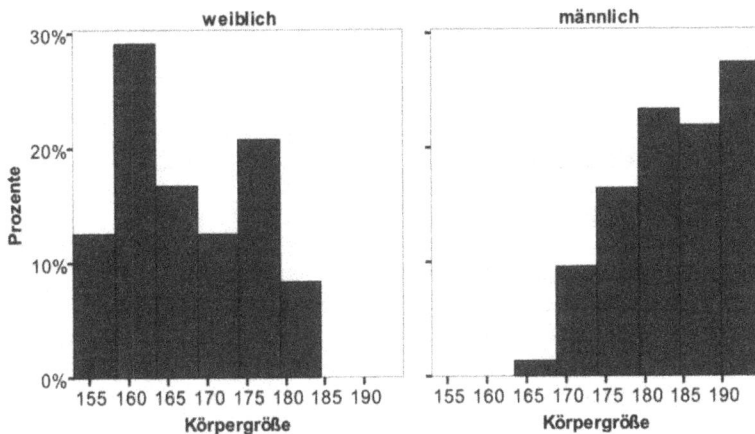

Frage A87 zu den vorigen zwei Histogrammen

Welche Aussage ist **falsch**?

- a) Der Median ist kleiner als das arithmetische Mittel bei der Körpergröße der Männer.
- b) Der Median der Körpergrößen der Frauen ist kleiner als das arithmetische Mittel der Körpergrößen der Männer.
- c) Der Schiefekoeffizient nach Yule ist für die Körpergröße der Frauen annähernd Null.
- d) Der Schiefekoeffizient nach Bowley ist für die Körpergröße der Männer negativ.
- e) Die Körpergröße der Frauen ist nahezu symmetrisch.

Boxplot zur Frage A88

Nachfolgend ist das Boxplot des Merkmals Körpergröße von Männern abgebildet (Stichprobenumfang ist 73):

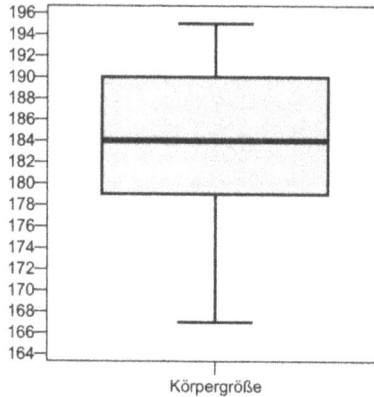

Körpergröße

Frage A88 zum vorigen Boxplot

Welche Aussage ist **falsch**?

a) Der Modalwert ist größer als das arithmetische Mittel.
b) Der Schiefekoeffizient nach Bowley ist Null.
c) Der Interquartilsabstand ist 21.
d) Die Spannweite ist 28.
e) Der Median ist 184.

Kreisdiagramm zur Frage A89

Nachfolgend ist ein Kreisdiagramm für die Ausgaben von Kosmetika (in drei Klassen zusammengefasst) mit einem Stichprobenumfang von 97 abgebildet:

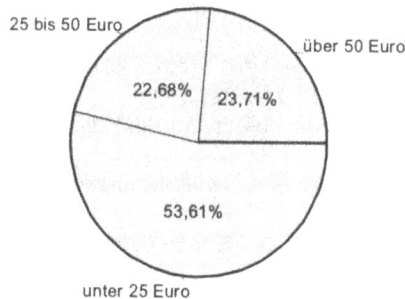

25 bis 50 Euro

über 50 Euro

22,68% 23,71%

53,61%

unter 25 Euro

Frage A89 zum vorigen Kreisdiagramm

Welche Aussage ist **falsch**?

a) Der Median ist „unter 25 Euro".
b) Der Modus ist „unter 25 Euro".
c) Das erste Quartil ist „unter 25 Euro".
d) Das dritte Quartil ist „über 50 Euro".
e) Das obere Dezil ist „über 50 Euro".

Säulendiagramm zur Frage A90

Nachfolgend ist das Säulendiagramm des Merkmals Alkoholkonsum von 73 Männern abgebildet:

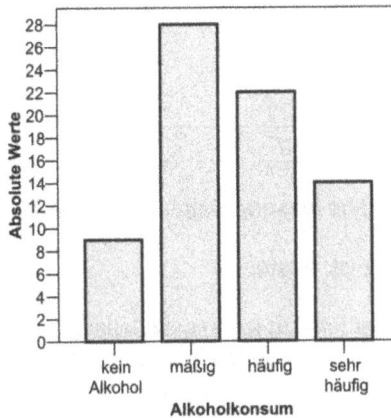

Frage A90 zum vorigen Säulendiagramm

Welche Aussage ist **falsch**?

a) Das obere Quartil ist „mäßig".
b) Das untere Quartil ist „mäßig".
c) Das zweite Dezil ist „mäßig".
d) Der Modalwert ist „mäßig".
e) Der Median ist „mäßig".

Histogramm zur Frage A91

Das nachstehende Histogramm zeigt die Häufigkeitsverteilung der in 4 Umsatz-klassen eingeteilten Monatsumsätze von 800 Filialen eines Einzelhandelskonzerns.

$$\frac{\text{absolute Häufigkeit}}{\text{Klassenbreite (100.000 Euro)}}$$

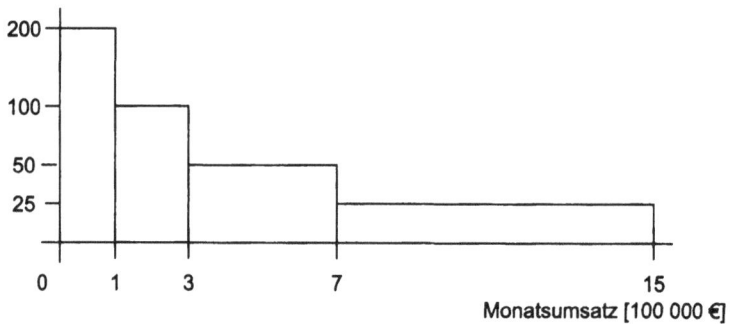

Monatsumsatz [100 000 €]

Frage A91 zum vorigen Histogramm

Welche Aussage lässt sich aus diesem Histogramm ablesen?

Je höher der Monatsumsatz ist, desto

a) kleiner ist die Zahl der Filialen je Umsatzklasse.
b) kleiner ist der Anteil der Filialen je Umsatzklasse.
c) gleichmäßiger verteilt sich der Monatsumsatz einer Umsatzklasse auf die zugehörigen Filialen.
d) geringer ist die Datendichte innerhalb einer Umsatzklasse.
e) größer ist der Umsatzanteil je Umsatzklasse.

Angabe für die nächsten zwei Fragen A92 und A93

In der nachstehenden Tabelle findet sich bezogen auf das Jahr 1998 die Pro-Kopf-Jahreseinkommen und die Anteile der Pro-Kopf-Verschuldung am Jahreseinkommen von 10 Staaten Mittel- und Südamerikas (Werte gerundet in 100 US-Dollar)

Land	Einkommen	Verschuldung
Argentinien	84	20
Brasilien	47	11
Guatemala	16	8
Ecuador	8	10
Kolumbien	25	19
Uruguay	55	34

Frage A92 zur vorigen Angabe

Der Korrelationskoeffizient nach Pearson ergibt sich zu:

a) 0,55
b) 0,35
c) 0,75
d) 0,95
e) 0,15

Frage A93 zur vorigen Angabe

Der Rangkorrelationskoeffizient nach Spearman ergibt sich zu:

a) 0,83
b) 0,53
c) 0,33
d) 0,13
e) 0,03

Angabe für die nächsten vier Fragen A94 bis A97

In Schnapshausen, Austragungsort zahlreicher Feste, werden sieben verschiedene (nicht rezeptpflichtige) Präparate gegen Kopfschmerz angeboten. Jedes Präparat basiert auf genau einem der drei alternativen Wirkstoffe A, B oder C, wobei bekannt ist, dass die Substanz C wirksamer ist als die Substanz A und diese wiederum wirksamer als die Substanz B. Auf Grund der großen Nachfrage nach Kopfschmerz-mitteln werden in Schnapshausen derartige Präparate grundsätzlich nur in Packungen zu 50 Tabletten (entspricht Packungsgröße N3) verkauft.

Die nachfolgende Tabelle fasst für jedes Präparat den enthaltenen Wirkstoff, den Verkaufspreis pro Packung sowie die im Jahre 2004 in Schnapshausen abgesetzte Anzahl an Packungen zusammen:

Präparat	Wirkstoff	Preis (in € pro Packung)	Absatz (in Anzahl Packungen)
1	A	8	22 000
2	C	12	18 500
3	C	10	22 000
4	B	9	9 500
5	C	20	9 000
6	A	6	6 000
7	B	5	500

Frage A94 zur vorigen Angabe

Wie viele der folgenden Aussagen sind **richtig**?

1. „Wirkstoff" ist ein ordinales Merkmal
2. „Preis" ist ein metrisches Merkmal
3. „Absatz" ist ein diskretes Merkmal
4. „Preis" ist ein polynomes Merkmal

    a) Eine Antwort ist richtig
    b) Zwei Antworten sind richtig
    c) Drei Antworten sind richtig
    d) Vier Antworten sind richtig
    e) Keine Antwort ist richtig

Frage A95 zur vorigen Angabe

Bestimmen Sie das geeignete Lagemaß für Wirkstoff!

    a) A
    b) B
    c) C
    d) nicht genau bestimmbar
    e) nicht berechenbar

Frage A96 zur vorigen Angabe

Welches Maß ist am besten zur Quantifizierung des Zusammenhangs zwischen den Merkmalen Preis und Absatz geeignet?

    a) Produkt-Moment-Korrelationskoeffizient
    b) Rangkorrelationskoeffizient nach Spearman
    c) Kontingenzkoeffizient nach Cramer
    d) Punktbiseriale Korrelation
    e) Biseriale Rangkorrelation

Frage A97 zur vorigen Angabe

Bestimmen Sie den Rangkorrelationskoeffizienten nach Spearman zwischen Preis und Absatz:

    a) 0,432
    b) 0,234
    c) 0,342
    d) 0,132
    e) 0,032

Angabe für die nächsten zwei Fragen A98 und A99

24 Jungen und Mädchen einer Schulabgangsklasse werden nach dem Motiv gefragt, das für ihre Berufswahl ausschlaggebend war. Folgendes Ergebnis ergab sich:

(J = Junge, M = Mädchen;
ID = ideelle Motive, IN = Interesse, EI = Eignung, MA = materielle Motive):

Schüler	1	2	3	4	5	6	7	8	9	10	11	12
Geschlecht	J	M	M	M	J	J	M	J	M	M	J	M
Motiv	EI	ID	IN	ID	MA	ID	IN	EI	IN	IN	ID	EI
Schüler	13	14	15	16	17	18	19	20	21	22	23	24
Geschlecht	M	M	J	M	J	M	M	M	M	M	J	M
Motiv	MA	EI	IN	ID	IN	EI	IN	IN	EI	ID	IN	MA

Frage A98 zur vorigen Angabe

Welche der unten angeführten Kontingenztabelle ist **richtig**?

a)

	Motiv			
Geschlecht	ID	IN	EI	MA
M	4	6	4	2
J	2	3	2	1

b)

	Motiv			
Geschlecht	ID	IN	EI	MA
M	3	7	4	2
J	2	4	2	1

c)

	Motiv			
Geschlecht	ID	IN	EI	MA
M	4	7	5	2
J	2	2	3	1

d)

	Motiv			
Geschlecht	ID	IN	EI	MA
M	4	6	5	3
J	2	3	3	2

e)

	Motiv			
Geschlecht	ID	IN	EI	MA
M	2	3	2	1
J	4	6	4	2

Frage A99 zur vorigen Angabe

Berechnen Sie den Kontingenzkoeffizienten nach Cramer!

a) 0
b) 0,3
c) 0,5
d) 0,7
e) 1

Frage A100

Gegeben ist das Merkmal Beschäftigungsstatus mit den Merkmalsausprägungen „arbeitslos" und „erwerbstätig" und die Ausgabe für Kosmetika in Euro.

Um den Zusammenhang zwischen Beschäftigungsstatus und Ausgabe für Kosmetika zu bestimmen, wird folgende Berechnungsmöglichkeit verwendet:

a) Rangkorrelationskoeffizient nach Spearman
b) Cramer's V
c) Biseriale Rangkorrelation
d) Kontingenzkoeffizient nach Pearson
e) Punktbiseriale Korrelation

Angabe zu den nächsten beiden Fragen A101 und A102

In einer Fußballliga treten 5 Mannschaften an. Vor der Saison werden den Spielern Prämien in Aussicht gestellt, die sie bei Erreichen der Meisterschaft erhalten. Die Tabelle zeigt diese Prämien und den tatsächlich erzielten Tabellenplatz:

Verein	A	B	C	D	E
Prämie (Euro)	500	1000	2000	4000	10000
Platz	4	5	3	2	1

Frage A101 zur vorigen Angabe

Welches statistische Maß ist geeignet, den Zusammenhang zwischen der Prämie und dem erzielten Tabellenplatz darzustellen?

a) Biseriale Rangkorrelation
b) Punktbiseriale Korrelation
c) Kontingenzkoeffizient nach Cramer
d) Produkt-Moment-Korrelationskoeffizient
e) Rangkorrelationskoeffizient nach Spearman

Frage A102 zur vorigen Angabe

Errechnen Sie das Maß!

a) -0,410
b) -0,310
c) -0,210
d) -0,110
e) -0,010

Frage A103

In einer Beobachtungsstudie soll der Zusammenhang der Gewichtszunahme mit der Ernährung untersucht werden. Dazu werden bei 100 Probanden die Gewichtszunahme innerhalb eines Monats sowie die Anzahl der Kalorien, die die Probanden zu sich genommen haben, erhoben.

Welche Maßzahl ist geeignet, den Zusammenhang der beiden Variablen Gewichtszunahme und Kalorienanzahl zu beschreiben?

a) Biseriale Rangkorrelation
b) Punktbiseriale Korrelation
c) Kontingenzkoeffizient nach Cramer
d) Yule's Q
e) Korrelationskoeffizient nach Pearson

Frage A104

Die Regressionsgerade bei der linearen Regression geht stets durch

a) den Nullpunkt des Koordinatensystems.
b) durch beide Mittelwerte (den Schwerpunkt) $\bar{x}, \bar{y}$.
c) den Nullpunkt und den Schwerpunkt.
d) mindestens zwei Punkte des Streudiagramms.
e) keinen Punkt des Streudiagramms.

Frage A105

Welches Merkmal, welches das Blut betrifft, ist keine metrische Skala?

a) spezifisches Gewicht
b) Senkungsgeschwindigkeit
c) Anzahl der Thrombozyten pro µl
d) Blutgruppe
e) Temperatur in Celsius Graden

Frage A106

Das folgende Histogramm zeigt die Verteilung der Körpergröße in cm von 20 Personen:

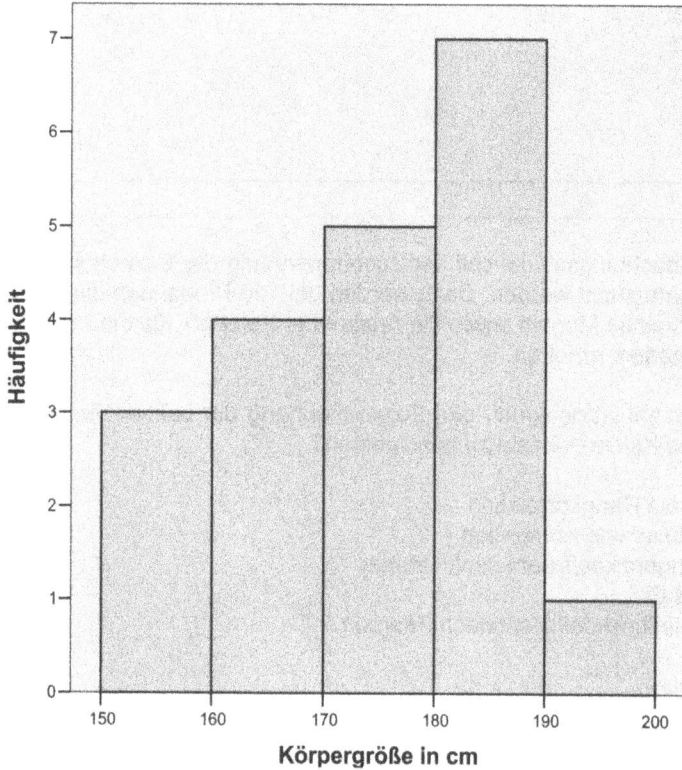

Welche Aussage passt zum Histogramm?

a) Der Median der Daten liegt im Intervall 180-190 cm.
b) Genau 50% aller Personen sind größer als 180 cm.
c) Vier Personen sind 186 cm und eine Person ist 191 cm groß.
d) Eine Person ist 151 cm und drei Personen sind 159 cm groß.
e) Die kleinste Person ist nur 149 cm groß.

Bei dem folgenden Streudiagramm gilt:

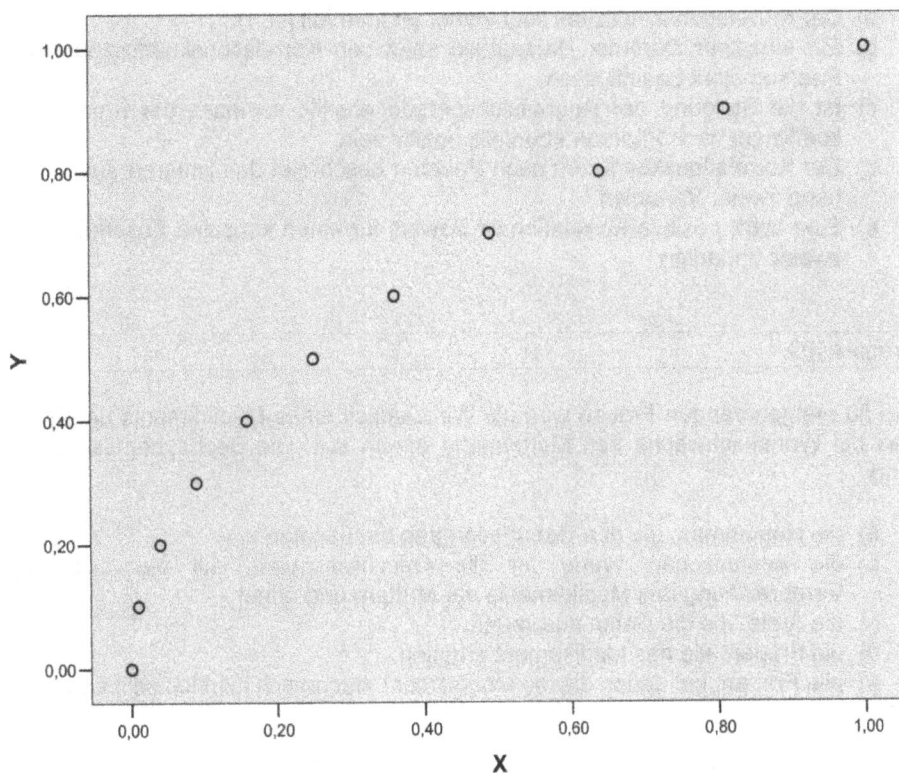

a) Der Korrelationskoeffizient nach Pearson ist größer als der Rangkorrelations-koeffizient nach Spearman.
b) Der Korrelationskoeffizient nach Pearson ist kleiner als der Rangkorrela-tionskoeffizient nach Spearman.
c) Der Rangkorrelationskoeffizient nach Spearman ist 0,5.
d) Der Korrelationskoeffizient nach Pearson ist 0,5.
e) Der Rangkorrelationskoeffizient nach Spearman darf in diesem Fall nicht berechnet werden.

Frage A108

Welche der Aussagen zum Korrelationskoeffizienten nach Pearson ist **falsch**:

a) Der Korrelationskoeffizient liegt immer im Intervall $[-1,1]$.
b) Ein einzelner extremer Datenpunkt kann den Korrelationskoeffizienten nach Pearson stark beeinflussen.
c) Ist die Steigung der Regressionsgerade positiv, so muss der Korrelationskoeffizient nach Pearson ebenfalls positiv sein.
d) Der Korrelationskoeffizient nach Pearson beschreibt den linearen Zusammenhang zweier Variablen.
e) Eine stark positive Korrelation ist Beweis für einen kausalen Zusammenhang zweier Variablen.

Frage A109

Bei 50 erstgebärenden Frauen wird die Wirksamkeit eines Medikaments untersucht, das bei Wehenschwäche den Muttermund öffnen soll. Die Beobachtungseinheiten sind:

a) die Hebammen, die den Geburtsvorgang beobachten.
b) die gemessenen Werte für die Geschwindigkeit, mit der sich nach Verabreichung des Medikaments der Muttermund öffnet.
c) die Ärzte, die die Daten auswerten.
d) die Frauen, die das Medikament erhalten.
e) alle Frauen, bei denen dieses Medikament theoretisch hilfreich sein kann.

Frage A110

Wie viele der folgenden Merkmale sind diskret?

1. pH-Wert
2. Rhesusfaktor
3. Anzahl der Leukozyten pro µl Blut
4. Erkrankungen an Leukämie (mit Ausprägungen ja / nein)

a) Ein Merkmal ist diskret
b) Zwei Merkmale sind diskret
c) Drei Merkmale sind diskret
d) Vier Merkmale sind diskret
e) Kein Merkmal ist diskret

Frage A111

Mit einem Säulendiagramm lassen sich Häufigkeiten graphisch darstellen. Für welche Merkmale ist diese Darstellungsform geeignet?

a) Generell für alle Merkmale
b) Für alle diskreten Merkmale sowie für stetige Merkmale, wenn die Daten in Klassen eingeteilt sind
c) Nur für nominalskalierte Merkmale
d) Nur für qualitative Merkmale
e) Für alle diskreten Merkmale

Frage A112

Welche Aussage bezüglich klassifizierter Daten ist **falsch**?

a) Die Klassen müssen immer gleich breit sein.
b) Die Klassenbildung setzt ein quantitatives Merkmal voraus.
c) Die optimale Klassenanzahl ist abhängig vom Stichprobenumfang.
d) Durch die Klassenbildung geht Information verloren, dafür ist die Darstellung der Häufigkeitsverteilung übersichtlicher.
e) An einem Histogramm sind charakteristische Eigenschaften der Merkmalsverteilung (Lage, Streuung, Form) erkennbar.

Frage A113

Welche der folgenden Aussagen ist **falsch**?

a) Das arithmetische Mittel wird wesentlich stärker von Ausreißern beeinflusst als der Median.
b) Die Berechnung des arithmetischen Mittels setzt ein quantitatives Merkmal voraus.
c) Wenn die Berechnung des Medians erlaubt ist, kann auch das arithmetische Mittel berechnet werden.
d) Das arithmetische Mittel und der Median sind Lagemaße.
e) Bei schiefen Verteilungen weichen das arithmetische Mittel und der Median voneinander ab.

Frage A114

Welche Aussage ist **richtig**?

Der Median bleibt in jedem Fall unverändert, wenn

   a) alle Werte außerhalb des Intervalls $\bar{x} \pm 2s$ aus der Stichprobe entfernt werden.
   b) zum größten Wert eine positive Zahl addiert wird.
   c) alle Werte mit der gleichen Zahl multipliziert werden.
   d) zu allen Werten eine Konstante addiert wird.
   e) ein Ausreißer weggelassen wird.

Frage A115

Im Folgenden sind insgesamt 8 Lage- und Streumaße aufgelistet:

1. Varianz
2. Spannweite
3. Variationskoeffizient
4. Quartilsabstand
5. Modus
6. Standardabweichung
7. Minimum
8. Maximum

Gefragt ist nach der Anzahl der Streuungsmaße!

   a) 3
   b) 4
   c) 5
   d) 6
   e) 7

Frage A116

Jeder Patient, der sich im Klinikum M. einer Operation unterzieht, wird bezüglich des Risikos eingestuft nach ASA I (geringes Risiko) bis ASA V (sehr schweres Risiko). Wie viele Maßzahlen lassen sich bei diesem Merkmal berechnen?

1. arithmetisches Mittel
2. Median
3. Modus
4. Spannweite

   a) Eine Maßzahl
   b) Zwei Maßzahlen
   c) Drei Maßzahlen
   d) Vier Maßzahlen
   e) Keine Maßzahl

Frage A117

Der Zusammenhang zweier metrischer Merkmale lässt sich durch ein Streudiagramm graphisch darstellen. Welche der Informationen lassen sich nicht aus dem Streudiagramm entnehmen?

a) Ob der Zusammenhang linear ist.
b) Ob Ausreißer vorhanden sind.
c) Ob der Zusammenhang stark oder eher schwach ist.
d) Ob der Zusammenhang gleich- oder gegenseitig ist.
e) Ob die beiden Merkmale in einem kausalen Zusammenhang stehen.

Frage A118

Bei jedem Patienten, der mit einer bestimmten Diagnose in eine Klinik eingeliefert wird, wird die Aufenthaltsdauer (in Tagen) ermittelt.
Wie viele Maßzahlen lassen sich bei diesem Merkmal berechnen?

1. arithmetisches Mittel
2. Median
3. Standardabweichung
4. Spannweite

a) Eine Maßzahl
b) Zwei Maßzahlen
c) Drei Maßzahlen
d) Vier Maßzahlen
e) Keine Maßzahl

Frage A119

Eine Regressionsgerade habe die Form: $y = -0,8 + 0,3 \cdot x$. Was folgt daraus für den dargestellten Zusammenhang?

a) Der Zusammenhang ist gegensinnig
b) Der Zusammenhang ist gleichsinnig
c) Der Korrelationskoeffizient beträgt $r = -0,8$
d) Der Korrelationskoeffizient beträgt $r = +0,3$
e) Keine dieser Aussagen lässt sich herleiten.

Frage A120

Ein Korrelationskoeffizient beträgt $r = 0,2$. Was folgt daraus für die Regressionsgerade?

a) Die Steigung der Regressionsgerade ist positiv
b) Die Steigung der Regressionsgerade ist negativ
c) Die Steigung der Regressionsgerade beträgt 0,2
d) Der y-Achsenabschnitt beträgt 0,2
e) Da der Zusammenhang sehr schwach ist, ist die Darstellung durch die Regressionsgerade nicht erlaubt.

Frage A121

Wie viele der folgenden Maßzahlen können niemals negative Werte annehmen?

Spannweite – Varianz - Standardabweichung – Minimum – Maximum – Modus – Median - Korrelationskoeffizient – Kovarianz – Bestimmtheitsmaß

a) alle 10
b) nur 7
c) nur 5
d) nur 4
e) nur 2

Frage A122

Beurteilen Sie die folgenden Aussagen:

1. Der Korrelationskoeffizient, der den Zusammenhang zwischen Körpergröße und Körpergewicht von männlichen Erwachsenen quantifiziert, ist positiv, denn
2. diese beiden Merkmale können nur positive Werte annehmen.

	Aussage 1.	Aussage 2.	Verknüpfung
a)	richtig	richtig	richtig
b)	richtig	richtig	falsch
c)	richtig	falsch	-
d)	falsch	richtig	-
e)	falsch	falsch	

Frage A123

Wie viele der folgenden Aussagen sind **richtig**?

1. Der Variationskoeffizient misst den Zusammenhang zwischen Merkmalen.
2. Der Kontingenzkoeffizient kann zur Messung des Zusammenhanges zwischen einem nominalen und einem ordinalen Merkmal verwendet werden.
3. Die (bei der Kontingenzanalyse ermittelten) erwarteten Häufigkeiten unterstellen, dass die tabellierten Merkmale unabhängig voneinander sind.
4. Die Stichprobenvarianz eines metrischen Merkmals X ist stets positiv, es sei denn es gilt, dass alle Merkmalsausprägungen negativ sind.

    a) Eine Antwort ist richtig
    b) Zwei Antworten sind richtig
    c) Drei Antworten sind richtig
    d) Vier Antworten sind richtig
    e) Keine Antwort ist richtig

Frage A124

Der Zusammenhang zwischen Einkommen und Mietausgaben von Beamtenhaushalten wurde mit einer Regressionsgeraden $\hat{y} = 500 + 0,30x$ ermittelt.

1. Ein Haushalt, dessen Einkommen um 1000 Euro höher ist als der Durchschnitt, wird etwa 300 Euro mehr für Miete ausgeben als dieser Durchschnittshaushalt.
2. Die Haushalte geben im Durchschnitt 30% ihres Einkommens für Miete aus.
3. Wenn ein Korrelationskoeffizient errechnet wird, beträgt dieser zirka 0,09.
4. Die x-y-Punkte streuen um eine steigende Gerade.

    a) Eine Antwort ist richtig
    b) Zwei Antworten sind richtig
    c) Drei Antworten sind richtig
    d) Vier Antworten sind richtig
    e) Keine Antwort ist richtig

Frage A125

Welches Merkmal ist rechtsschief?

    a) Schwangerschaftsdauer
    b) Kopfumfang von Neugeborenen
    c) Ergebnisse von Klausuren in Punkten
    d) Haushaltsgrößen in Deutschland im Jahr 1900
    e) Blutdruck

Frage A126

Sie sind als AssistentIn der Geschäftsführung der ABC & Co KG beschäftigt. Da Sie für Ihre gute Statistik-Ausbildung bekannt sind, kommen die KollegInnen oft zu Ihnen und fragen, welche statistischen Maße für die jeweilige Fragestellung geeignet sind. In Klammern sind die Antworten angegeben.

1. Vergleich der Streuung der Umsätze in Österreich, den USA und im Senegal (Variationskoeffizient).
2. Mittlere Verzinsung eines Wertpapiers (geometrisches Mittel).
3. Zusammenhang zwischen Berufsstatus (Angestellter, Arbeiter, Beamter) und Einkommen (Rangkorrelationskoeffizient nach Spearman).
4. Durchschnittsumsatz, wenn Umsatzklassen und Anzahl der dortigen Kunden bekannt sind (arithmetisches Mittel).

   a) Eine Antwort ist richtig
   b) Zwei Antworten sind richtig
   c) Drei Antworten sind richtig
   d) Vier Antworten sind richtig
   e) Keine Antwort ist richtig

Frage A127

Welche Aussage ist **falsch**?

   a) Aus der Tatsache, dass der Korrelationskoeffizient r zweier Merkmale den Wert Null annimmt, kann nicht geschlossen werden, dass die beiden Merkmale unabhängig sind.
   b) Bei großem Stichprobenumfang ist das Erhebungsmerkmal in der Stichprobe nicht zwangsläufig normalverteilt.
   c) Die Begriffe „Zufallsauswahl" und „willkürliche Auswahl" sind synonym zu verwenden, da beide Auswahlverfahren auf dem Zufallsprinzip beruhen.
   d) Eine Stichprobe ist eine zweckdienlich ausgewählte Teilmenge der Grundgesamtheit.
   e) Der Median und der Mittelwert einer normalverteilten Zufallsvariablen stimmen immer überein.

Frage A128

Welches Merkmal ist **nicht** häufbar?

   a) erlernter Beruf
   b) Ursache von Unfällen
   c) Krankheit
   d) Hobby
   e) Hauptwohnsitz

Frage A129

Hundert zufällig ausgewählte Männer und Frauen wurden gefragt, ob sie das Versandhaus Otto gut finden oder nicht. Drei Antworten waren möglich:

1. Otto find ich gut;
2. Otto find ich doof;
3. Otto ist mir egal.

Die Hälfte der Befragten waren Männer. Die Hälfte der befragten Frauen fand Otto gut. 20 % der Befragten war Otto egal, 50% fanden Otto gut. Es waren 20 Männer, die Otto doof fanden.

Tragen Sie die Werte in eine Kontingenztabelle ein.

a)

Otto ...	Geschlecht	
	weiblich	männlich
gut	25	25
doof	10	20
egal	15	5

b)

Otto ...	Geschlecht	
	weiblich	männlich
gut	25	50
doof	5	20
egal	20	30

c)

Otto ...	Geschlecht	
	weiblich	männlich
gut	50	50
doof	30	30
egal	20	20

d)

Otto ...	Geschlecht	
	weiblich	männlich
gut	25	20
doof	0	20
egal	25	10

e) Eine Kontingenztabelle macht hier keinen Sinn.

Frage A130

Handelt es sich bei den folgenden (amtlichen) Statistiken um Sekundärstatistiken?

1. Mikrozensus
2. Außenhandelsstatistik
3. Auftragseingangsstatistik
4. Insolvenzstatistik

   a) Eine Antwort ist richtig
   b) Zwei Antworten sind richtig
   c) Drei Antworten sind richtig
   d) Vier Antworten sind richtig
   e) Keine Antwort ist richtig

Frage A131

In einem Fragebogen werden eingeschriebene Studierende der Universität X nach ihrem monatlichen Einkommen befragt. Beschreiben Sie den Merkmalsträger!

   a) Befragte Studierende der Universität X
   b) Befragte Studierende
   c) Eingeschriebene Studierende mit Einkommen
   d) Eingeschriebene Studierende der Universität X
   e) Eingeschriebene Studierende

Frage A132

Was bringt die Nominalskala zum Ausdruck?

   a) Interpretierbare Quotienten
   b) Natürliche Rangfolge
   c) Quantifizierbare Unterschiede
   d) Verschiedenartigkeit
   e) Interpretierbare Differenzen

Frage A133

Welches Lagemaß wird verwendet, wenn das Merkmal nominal skaliert ist?

   a) Median
   b) arithmetisches Mittel
   c) Modus
   d) harmonisches Mittel
   e) geometrisches Mittel

Frage A134

Welches Lagemaß hat den größten Informationsverlust?

a) Median
b) arithmetisches Mittel
c) Modus
d) harmonisches Mittel
e) geometrisches Mittel

Frage A135

Ein Auto fährt von A nach C. Von A nach B fährt es mit durchschnittlich 100 km/h, von B nach C mit durchschnittlich 150 km/h. Wie groß ist die Durchschnittsgeschwindigkeit, wenn beide Strecken gleich lang sind?

a) 120
b) 125
c) 130
d) 135
e) 140

Frage A136

Ein Auto fährt von A nach C. Von A nach B fährt es durchschnittlich 100 km/h, von B nach C mit durchschnittlich 150 km/h. Wie groß ist die Durchschnittsgeschwindigkeit, wenn er von A nach B 1 Stunde, von B nach C aber 4 Stunden benötigt?

a) 120
b) 125
c) 130
d) 135
e) 140

Frage A137

Ein Auto fährt von A nach C. Von A nach B fährt es mit durchschnittlich 100 km/h, von B nach C mit durchschnittlich 150 km/h. Wie groß ist die Durchschnittsgeschwindigkeit, wenn die Strecke von A nach B 200 km, die Strecke von B nach C aber 700 km lang ist?

a) 120
b) 125
c) 130
d) 135
e) 140

68

Frage A138

Mit welcher Kennzahl werden Streuungen zweier Verteilungen miteinander verglichen?

a) Interquartilsabstand
b) Spannweite
c) Variationskoeffizient
d) Stichprobenvarianz
e) Standardabweichung

Frage A139

Welcher Streuungsparameter ist gegen Ausreißer unempfindlich?

a) Interquartilsabstand
b) Spannweite
c) Variationskoeffizient
d) Stichprobenvarianz
e) Standardabweichung

Frage A140

Ein Merkmal mit einem ansehnlichen Stichprobenumfang wird in Form eines Histogramms graphisch dargestellt.
Woran ist eine eventuelle Heterogenität der Verteilung zu erkennen?

a) Asymmetrie der Verteilung
b) Mehrgipfeligkeit der Verteilung (Multimodalität)
c) arithmetisches Mittel und Median weichen stark voneinander ab
d) Die Standardabweichung ist größer als das arithmetische Mittel
e) Die Spannweite der Einzelwerte ist größer als die Stichprobenvarianz

---

Frage A141

Welche Maßzahl einer Stichprobe eines stetigen Merkmals mit unimodaler Verteilung ist gegenüber „Ausreißern" besonders robust?

a) Spannweite
b) geometrisches Mittel
c) arithmetisches Mittel
d) Median
e) Varianz

Frage A142

Von einem empirischen Datensatz sind folgende Größen bekannt:

$\tilde{x} = 7{,}1$
$Q_1 = 4{,}1$
$Q_3 = 10{,}6$

Wie viel Prozent der Daten liegen im Intervall [7,1; 10,6]?

a) 25
b) 75
c) 20
d) 50
e) 40

Angabe zu den nächsten zwei Fragen A143 und A144

Gegeben sei der folgende Boxplot eines Merkmals:

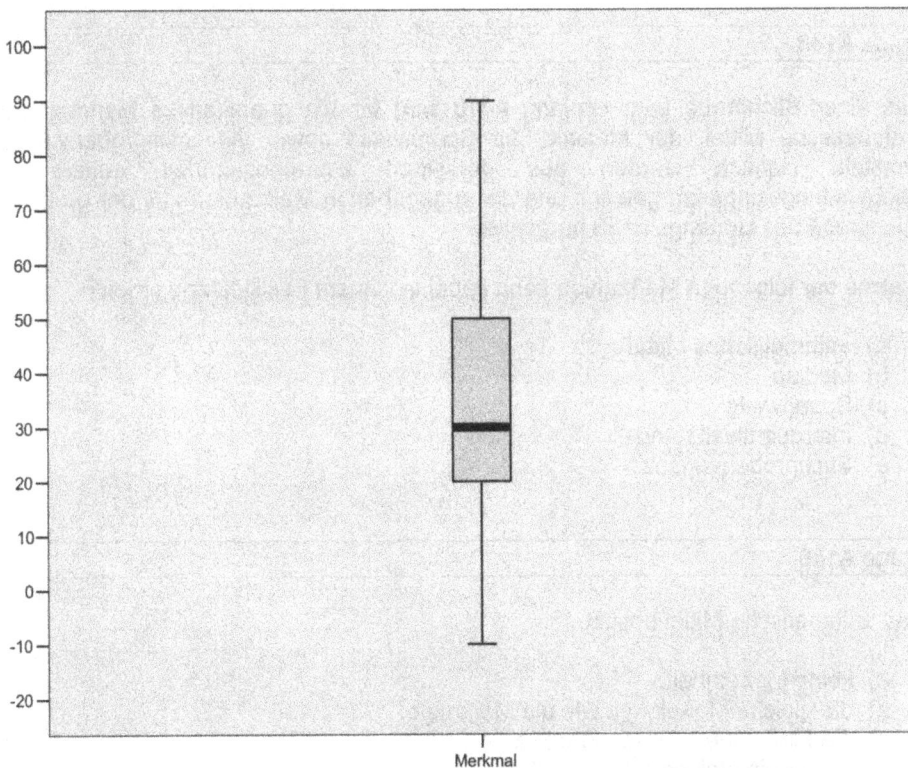

Merkmal

Frage A143 zur vorigen Angabe:

Wie lautet der Schiefekoeffizient nach Bowley?

a) 7,33
b) 0,66
c) 0,33
d) 0,00
e) -0,66

Frage A144 zur vorigen Angabe:

Wie lautet der Wölbungskoeffizient, wenn der Dezilabstand 60 beträgt?

a) 0,013
b) 0,25
c) 0,33
d) 0,66
e) -0,66

Frage A145

Aus einer Stichprobe vom Umfang n=10 wird für ein quantitatives Merkmal das arithmetische Mittel, der Median, die Spannweite sowie die Stichprobenvarianz ermittelt. Danach werden aus derselben Grundgesamtheit weitere 10 Beobachtungseinheiten gewählt und die angegebenen Maßzahlen aus der größeren Stichprobe des Umfangs n=20 berechnet.

Welche der folgenden Maßzahlen kann dabei in keinem Fall kleiner werden?

a) arithmetisches Mittel
b) Median
c) Spannweite
d) Interquartilsabstand
e) Stichprobenvarianz

Frage A146

Das arithmetische Mittel besitzt

a) keine Maßeinheit.
b) die gleiche Maßeinheit wie die Merkmale.
c) die Maßeinheit der Merkmale zum Quadrat.
d) immer die gleiche Maßeinheit.
e) die gleiche Maßeinheit wie die Stichprobenvarianz.

Frage A147

Im Folgenden ist ein Streudiagramm vom Körpergewicht und Körpergröße gegeben:

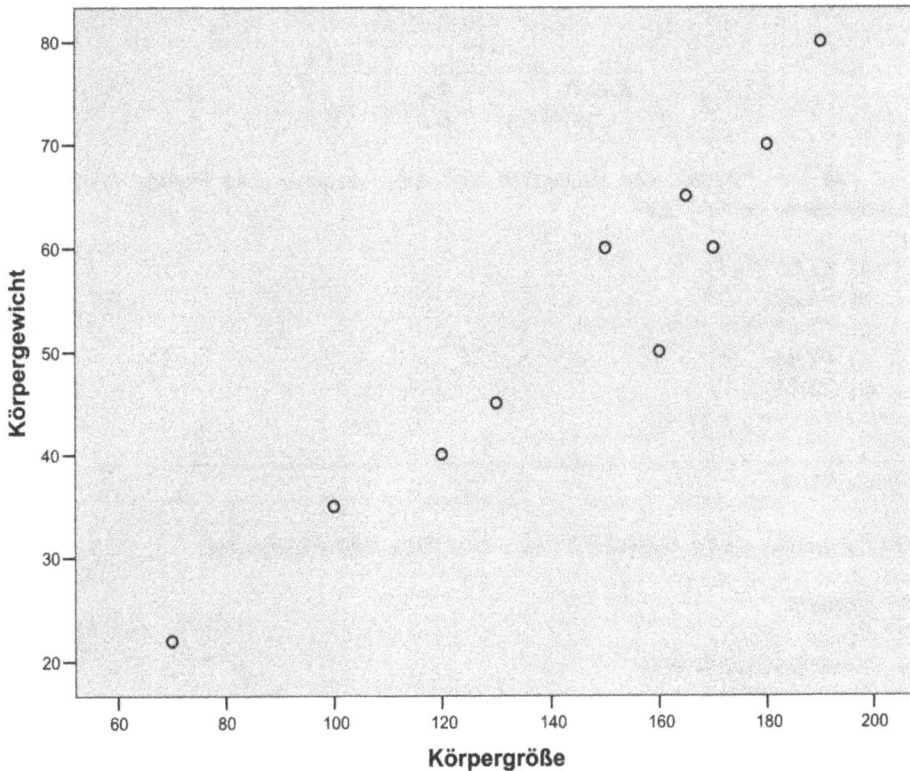

Welche Aussage ist **falsch**?

a) Der Korrelationskoeffizient nach Pearson ist mindestens 0,9.
b) Bei einer Körpergröße von 140 cm ist ein Körpergewicht von näherungsweise 50 kg zu erwarten.
c) Die Regressionsgerade geht durch den Schwerpunkt der Daten.
d) Das arithmetische Mittel der Körpergröße ist 143,50 cm.
e) Die Regressionsgerade besitzt eine Steigung von annähernd 1.

Frage A148

In einem Verein zahlen 120 Mitglieder einen Jahresbeitrag von 200 Euro, 30 einen von 150 Euro und 70 einen von 50 Euro. 10 Ehrenmitglieder sind beitragsfrei. Wie hoch ist der Durchschnittsbeitrag pro Mitglied?

a) 57,50
b) 100,00
c) 133,33
d) 139,13
e) 145,45

Frage A149

In einer Umfrage wurde nach Besitz von Aktien und Lebensversicherungen (LV) gefragt:

	LV	keine LV
Aktien	45	50
keine Aktien	80	215

Auf wie viel Prozent der Befragten trifft die Aussage „Die Person besitzt keine Lebensversicherung" zu?

a) 67,95
b) 54,92
c) 73,47
d) 42,86
e) 23,74

Frage A150

Im Folgenden sind insgesamt 8 Lage- und Streumaße aufgelistet:

1. Varianz
2. Spannweite
3. Variationskoeffizient
4. Quartilsabstand
5. Modus
6. Standardabweichung
7. Minimum
8. Maximum

Gefragt ist nach der Anzahl der Lagemaße!

a) 3
b) 4
c) 5
d) 6
e) 7

Angabe für die nächsten zwei Fragen A151 und A152

In der Spiegel-Rangliste der deutschen Hochschulen aus dem Jahr 1992 wurden 6 Universitäten in den neuen Bundesländern hinsichtlich des Merkmals X: *Breite des Lehrangebots* und des Merkmals Y: *Möglichkeiten der Spezialisierung* von 1191 Studierenden bewertet. Die Ranglisten bezüglich beider Merkmale ergaben das folgende Bild:

Universität	Rang für X	Rang für Y
Potsdam	2	4
Halle	6	11
Leipzig	10	9
Dresden	5	2
Jena	7	6
Illmenau	3	1

Frage A151 zur vorigen Angabe

Eine geeignete Maßzahl für die Stärke des Zusammenhangs zwischen den in Rede stehenden Merkmalen ist

a) punktbiseriale Korrelation
b) Cramer's V
c) Korrelationskoeffizient nach Pearson
d) Korrelationskoeffizient nach Spearman
e) Yule's Q

Frage A152 zur vorigen Angabe

Berechnen Sie das geeignete Zusammenhangsmaß!

a) 0,357
b) 0,457
c) 0,557
d) 0,657
e) 0,757

Frage A153

In einer Fertigung werden drei Maschinen A, B und C betrieben. Maschine A hat bei einem Ausschussanteil von 3% im letzten Jahr 900 Ausschussteile produziert, B bei 4% 2000 Stück und C bei 6% 450 Stück. Wie groß ist die durchschnittliche Ausschussquote der Gesamtfertigung?

a) 2,768%
b) 3,829%
c) 4,000%
d) 4,333%
e) 5,271%

Frage A154

Bei 5 Schülern wurden die Zeugnisnoten in Mathematik und Deutsch erhoben. Es stellt sich die Frage, ob es einen Zusammenhang zwischen den Noten in beiden Fächern gibt.

Schüler	Note Mathematik	Note Deutsch
1	1	2
2	5	3
3	4	1
4	2	4
5	3	5

Bestimmen Sie den geeigneten Korrelationskoeffizienten!

a) -0,5
b) -0,4
c) -0,3
d) -0,2
e) -0,1

Frage A155

Die Fahrpreise einer Verkehrsgesellschaft werden um 3% erhöht.

Welche der folgenden Maßzahlen für den Fahrpreis erhöhen sich **nicht** um 3%?

a) das arithmetische Mittel
b) der Median
c) die Varianz
d) die Standardabweichung
e) der Variationskoeffizient

Frage A156

Es soll untersucht werden, ob ein Zusammenhang zwischen dem Brustumfang und der Menge der nach einem tiefen Atemzug ausgeatmeten Luft besteht (so genannte Vitalkapazität). In der folgenden Tabelle sind die gemessenen Werte und die daraus errechneten Größen von vier Personen angegeben.

Nr.	Brustumfang [cm]	Vitalkapazität [l]
1	90	5,2
2	82	4,4
3	94	5,0
4	98	5,8

Berechnen Sie den geeigneten Korrelationskoeffizienten für die vermutete lineare Abhängigkeit!

a) 0,513
b) 0,613
c) 0,713
d) 0,813
e) 0,913

Frage A157

Bei vier zufällig ausgewählten Personen mit je einem Implantat an einer bestimmten Stelle ist ein Jahr nach der Implantatsetzung die Sondierungstiefe (in mm) an zwei unterschiedlichen Stellen (Stelle 1 und Stelle 2) gemessen worden.

Implantat	Stelle 1	Stelle 2
1	9,2	8,2
2	2,8	4,1
3	4,1	6,7
4	1,6	1,2
5	6,3	2,1

Wie groß ist der Korrelationskoeffizient nach Spearman?

a) 0,5
b) 0,6
c) 0,7
d) 0,8
e) 0,9

Frage A158

Für sechs Monate liegen die Daten für den Hypothekenzinssatz X vor, sowie für den Auftragseingang Y im Bauhauptgewerbe, der auf dem privaten Wohnungsbau entfällt.

Monat	1	2	3	4	5	6
Hypothekenzinssatz [%]	7	8	6	7	9	11
Auftragseingang [Mrd. Euro]	3,0	3,2	2,8	3,0	2,5	3,5

Es soll eine lineare Regressionsfunktion zwischen dem Auftragseingang Y und dem Hypothekenzinssatz X geschätzt werden.

Berechnen Sie die Parameter der linearen Beziehung

$$\hat{y} = b_0 + b_1 \cdot x$$

Notieren Sie als Ergebnis die Summe der geschätzten Regressionskoeffizienten, das heißt

$$S = b_0 + b_1.$$

a) 0,39
b) 1,39
c) 2,39
d) 3,39
e) 4,39

Frage A159

Aus 200 Wertepaaren der metrisch skalierten Merkmale X und Y wurde ein Korrelationskoeffizient nach Pearson von r = 0,98 berechnet.

Wie viele der folgenden Aussagen sind **richtig**?

1. Beide Merkmale liefern nahezu identische Werte.
2. Eine Verdoppelung des Wertes von X führt annähernd zu einer Verdoppelung von Y.
3. Da r nichtgleich 1 gilt, liegt kein Zusammenhang zwischen X und Y vor.
4. Alle Beobachtungswerte streuen eng um eine fallende Gerade.

a) Eine Antwort ist richtig
b) Zwei Antworten sind richtig
c) Drei Antworten sind richtig
d) Vier Antworten sind richtig
e) Keine Antwort ist richtig

Frage A160

Welche der folgenden Aussagen über eine Regressionsgerade ($\hat{y} = 10 + 9,8x$) ist **richtig**?

a) Da die Regressionsgerade einen sehr starken Anstieg hat, besteht ein enger Zusammenhang zwischen den Merkmalen X und Y.
b) Wenn sich x um eine Einheit erhöht, erhöht sich y durchschnittlich um 9,8 Einheiten.
c) Die Regressionsfunktion ist ein geeignetes Maß für die Stärke der Abhängigkeit zwischen X und Y.
d) Wenn x 10 ist, dann ist y durchschnittlich 98.
e) Der Achsenabschnitt der Regressionsgerade ist 9,8.

Frage A161

In einer Firma der Pharmabranche haben sich die Beschäftigtenzahlen für Arbeiter X und Angestellte Y wie folgt entwickelt:

Jahr	2000	2001	2002	2003	2004
Arbeiter	539	574	608	654	692
Angestellte	93	86	72	66	54

Welche der folgenden Aussage ist **falsch**?

a) Der Pearson'sche Korrelationskoeffizient r misst einen linearen Zusammenhang zweier quantitativer Merkmale.
b) Der Pearson'sche Korrelationskoeffizient r errechnet sich zu r = -0,889.
c) Der aus der Tabelle errechnete Wert r deutet auf einen starken negativen linearen Zusammenhang zwischen Arbeiter- und Angestelltenzahl hin.
d) Wäre r = 0, so könnte trotzdem ein Zusammenhang zwischen X und Y vorliegen.
e) Der Korrelationskoeffizient nach Spearman ist -1.

Frage A162

Welche Aussage ist **falsch**?

a) Der Median einer Standardnormalverteilung ist 0.
b) Ergibt sich für zwei metrisch skalierte Merkmale ein Pearson'scher Korrelationskoeffizient von 0, so liegt kein Zusammenhang zwischen diesen Merkmalen vor.
c) Zur Charakterisierung eines Merkmals sind die Streuungsparameter ausreichend.
d) Unter „Spannweite" ist die Differenz zwischen dem kleinsten und dem größten vorkommenden Wert zu verstehen.
e) Der Modus ist ein geeignetes Lagemaß für ordinalskalierte Merkmale.

Frage A163

Sechs Studenten veranstalten einen Wettlauf. Die folgende Tabelle enthält die Körpergröße und die Platzierung.

Student	1	2	3	4	5	6
Größe	180	185	175	183	172	190
Platz	5	1	4	3	6	2

Welches Zusammenhangsmaß eignet sich am besten zur Beschreibung des Zusammenhangs?

a) Korrelationskoeffizient nach Pearson
b) Korrelationskoeffizient nach Spearman
c) punktbiseriale Korrelation
d) Kontingenzkoeffizient nach Pearson
e) Yule's Q

Frage A164

Aus 70 Wertepaaren der Merkmale X und Y wurde ein Pearson'scher Korrelationskoeffizient von r = - 0,95 berechnet.

Wie viele der folgenden Aussagen sind **richtig**?

1. Die Beobachtungswerte streuen eng um eine fallende Gerade.
2. Wird für die Wertepaare eine Regressionsgerade $\hat{y} = a + bx$ nach dem Kriterium der kleinsten Quadrate berechnet, dann ergibt sich für b ein negativer Wert.
3. Die Werte von X und Y sind annähernd umgekehrt proportional zueinander.
4. Ein Zusammenhang ist nicht erwiesen, da r < 0 gilt.

a) Eine Antwort ist richtig
b) Zwei Antworten sind richtig
c) Drei Antworten sind richtig
d) Vier Antworten sind richtig
e) Keine Antwort ist richtig

Frage A165

Gegeben sind die folgenden Merkmalsausprägungen x_i und die dazugehörigen absoluten Häufigkeiten eines metrisch skalierten Merkmals X:

x_i	1	2	3	4	5	6
Absolute Häufigkeit	5	14	19	30	22	10

Wie viele der folgenden Aussagen sind **richtig**?

1. Der Median und Modus besitzen den gleichen Wert.
2. Das arithmetische Mittel ist größer als der Median.
3. Die Spannweite ist größer als die Varianz.
4. Der Interquartilsabstand beträgt 2.

   a) Eine Antwort ist richtig
   b) Zwei Antworten sind richtig
   c) Drei Antworten sind richtig
   d) Vier Antworten sind richtig
   e) Keine Antwort ist richtig

Frage A166

Zwölf Filialen eines Kaufhauskonzerns erzielten 2002 folgende Umsätze (in Mio. EURO)

Filiale	1	2	3	4	5	6	7	8	9	10	11	12
Umsatz	110	75	70	65	55	70	140	90	90	55	90	85

Welche der folgenden Aussage ist **richtig**?

   a) Der Modus beträgt 140.
   b) Der Median nimmt den Wert 85 an.
   c) Das untere Quartile wird mit 67,5 angegeben.
   d) Die Spannweite ist 25.
   e) Das arithmetische Mittel ergibt sich zu 80,3.

Frage A167

Bei der Analyse von bevorzugten Freizeitaktivitäten Jugendlicher wurden nachfolgende Ergebnisse erhoben:

1. Discobesuche: 57
2. Sportaktivitäten: 41
3. Kino/Theater: 26
4. Party mit Freunden: 48
5. Umgang mit Tieren: 12

Welches Lagemaß kann hier berechnet werden?

    a) Modus
    b) Median
    c) arithmetisches Mittel
    d) geometrisches Mittel
    e) harmonisches Mittel

Frage A168

Welcher der folgenden Aussagen über eine Regressionsgerade $\hat{y} = a + bx = 3 + 14x$, die nach dem Kriterium der kleinsten Quadrate geschätzt wurde, ist **falsch**?

    a) Da die Regressionsgerade einen sehr starken Anstieg hat (b = 14), besteht ein enger Zusammenhang zwischen X und Y.
    b) Mittels der Regressionsfunktion können Prognosewerte für das Merkmal Y angegeben werden.
    c) Die Regressionsfunktion sagt nichts über die Stärke des Zusammenhangs zwischen X und Y aus.
    d) Wird x um eine Einheit erhöht, erhöht sich $\hat{y}$ durchschnittlich um das 14 Einheiten.
    e) Ist x gleich 7, so ergibt sich als Prognose für y durchschnittlich 102.

Frage A169

Welche Aussage ist **richtig**?

    a) Unter „Spannweite" wird die Differenz zwischen dem größten beobachteten Wert und dem arithmetischen Mittel verstanden.
    b) Die Eigenschaften einer Grundgesamtheit, für die bei einer statistischen Analyse Interesse besteht, heißt „Merkmalsausprägung".
    c) Der Median einer Stichprobe ändert sich nicht, wenn alle Beobachtungen mit der gleichen Zahl multipliziert werden.
    d) Ergibt sich für zwei ordinal skalierte Merkmale ein Pearson'scher Korrelationskoeffizient von r = 1, so liegt ein starker linearer Zusammenhang vor.
    e) Der Spearman'sche Rangkorrelationskoeffizient kann auch für Merkmale, die auf einer metrischen Skala gemessen werden, berechnet werden.

Frage A170   '

Welche Aussage ist **falsch**?

a) Eine Grundgesamtheit muss sowohl sachlich als auch zeitlich und räumlich eindeutig identifizierbar sein.
b) Die Summe der Abweichungen aller Merkmalswerte von ihrem arithmetischen Mittel ist gleich Null.
c) Merkmale, die metrisch messbar sind, können ebenso auf einer Ordinalskala dargestellt werden.
d) Die Summe der Quadrate der Abweichungen aller Merkmalswerte von ihrem arithmetischen Mittel ist gleich Null.
e) Ein Histogramm ist ein Flächendiagramm.

Frage A171

Welche Aussage ist **richtig**?

a) Merkmale werden auf einer Skala gemessen. Die verschiedenen Skalen unterscheiden sich durch die Anzahl ihrer Parameter.
b) Die Varianz wird definiert als ein vom Mittelwert quantitativ abhängiger Parameter.
c) Der Kontingenzkoeffizient nimmt Werte zwischen Null und Eins an.
d) Ein Histogramm eignet sich zur Darstellung von nominal messbaren Merkmalen.
e) Werden reelle Zahlen als Merkmalsausprägungen angegeben, so handelt es sich immer um stetige Merkmale.

Frage A172

Welche Aussage ist **falsch**?

a) Der Übergang von einer metrischen Skala auf eine Ordinalskala bedeutet im Allgemeinen einen Informationsverlust.
b) Das Merkmal „Fabrikat eines Autos" ist qualitativ.
c) Zur Quantifizierung des Zusammenhangs zwischen Merkmalen mit verschiedenen Messbarkeitseigenschaften ist die jeweils niedrigere Messskala maßgeblich.
d) Der Spearman'sche Rangkorrelationskoeffizient kann nur für Merkmale berechnet werden, die auf einer Ordinalskala gemessen werden können.
e) Ist ein Merkmal ordinal und ein anderes Merkmal nominal skaliert, so kann der Zusammenhang durch den Kontingenzkoeffizienten sinnvoll quantifiziert werden.

82

Frage A173

Ein Radio des Typs LX kostet in verschiedenen Fachgeschäften (Angaben in EURO)

50   45   48   51   50   46   25

Welche der folgenden Aussagen ist **richtig**?

a) Der Median nimmt den Wert 47 an.
b) Das arithmetische Mittel ist hier für die Beschreibung des durchschnittlichen Preises von Radios des Typs LX besser geeignet als der Median, weil es sich im Vergleich zu letzterem robuster gegenüber Ausreißern verhält.
c) Die Stichprobenvarianz lässt sich als die mittlere quadrierte Abweichung der Beobachtungswerte vom Zentralwert interpretieren.
d) Das zweite Dezil ist 45.
e) Der obere Quartil ist 45.

Histogramm zur nächsten Frage A174

Das folgende Histogramm stellt die Variable Alter von 20 Personen dar.

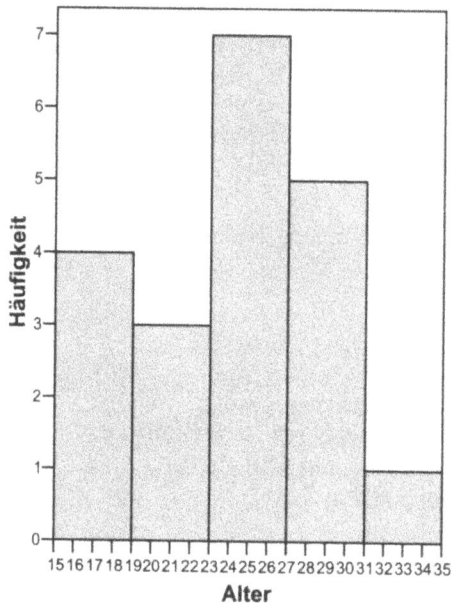

Alter

Frage A174 zum vorigen Histogramm

Welche der folgenden Aussagen ist **falsch**?

a) Der Median liegt in der Klasse (23; 27].
b) Die Spannweite ist mindestens 20.
c) Das obere Quartil ist in der Klasse (27; 31].
d) Das 1. Dezil ist in der Klasse (15; 19].
e) Das 2. Dezil ist in der Klasse (15; 19].

Histogramme für die nächsten sechs Fragen A175 bis A180

Im Folgenden sind fünf Histogramme unterschiedlicher Form mit einem Stichprobenumfang von 55 dargestellt.

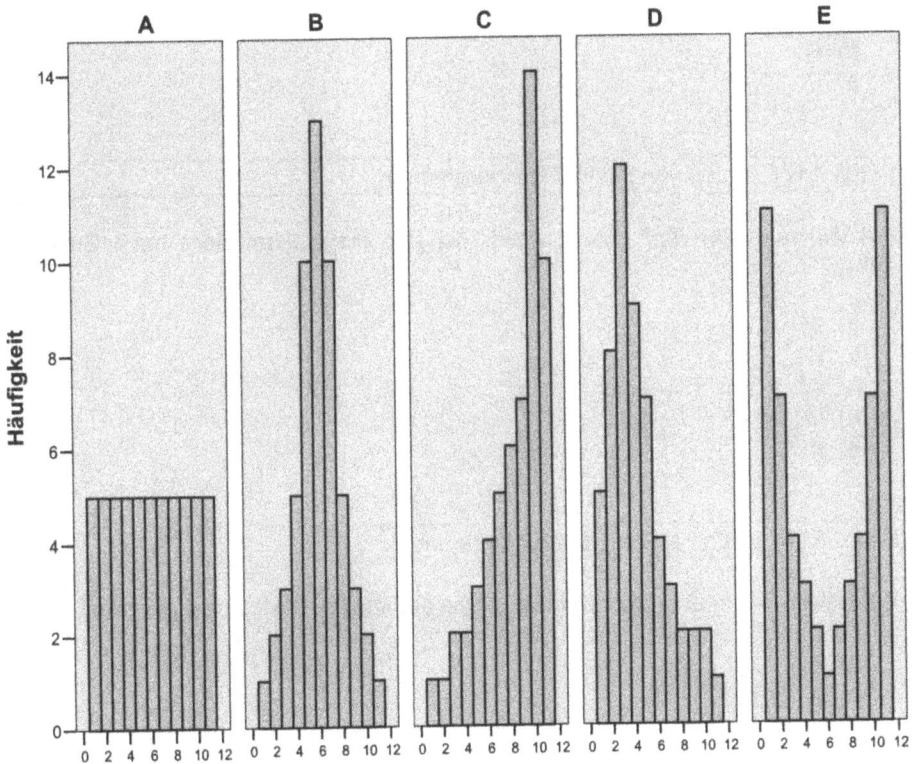

84

Frage A175 zu den vorigen fünf Histogrammen

Bei welchem der fünf Histogramme ist der Median am größten?

a) A
b) B
c) C
d) D
e) E

Frage A176 zu den vorigen fünf Histogrammen

Bei welchem der fünf Histogramme ist die Stichprobenvarianz am größten?

a) A
b) B
c) C
d) D
e) E

Frage A177 zu den vorigen fünf Histogrammen

Bei welchem der fünf Histrogramme ist der Schiefekoeffizient nach Bowley am größten?

a) A
b) B
c) C
d) D
e) E

Frage A178 zu den vorigen fünf Histogrammen

Bei welchem der fünf Histogramme ist das arithmetische Mittel am größten?

a) A
b) B
c) C
d) D
e) E

Frage A179 zu den vorigen fünf Histogrammen

Bei welchem der fünf Histogramme ist der Interquartilsabstand am größten?

a) A
b) B
c) C
d) D
e) E

Frage A180 zu den vorigen fünf Histogrammen

Welcher Boxplot (I bis V) gehört zu dem Histogramm (A bis E)?

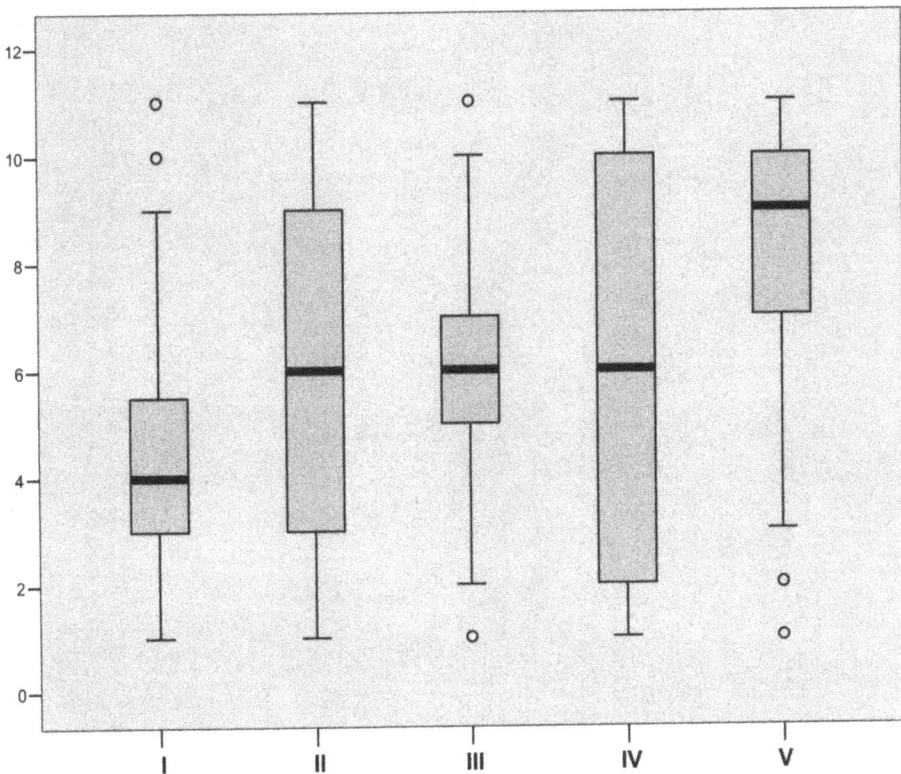

a) A-II, B-III, C-V, D-I, E-IV
b) A-I, B-II, C-III, D-IV, E-V
c) A-II, B-III, C-I, D-V, E-IV
d) A-III, B-II, C-V, D-IV, E-I
e) A-V, B-IV, C-I, D-III, E-II

Kapitel B: Schließende Statistik

Frage B1

Welche generelle Bedeutung haben die Bestimmungsfaktoren eines $(1-\alpha)$ Konfidenzintervalls? Exemplarisch ist der Fall eines Konfidenzintervalls für den Parameter μ einer normalverteilten Zufallsvariable mit bekannter Varianz angenommen.

Wie viele der folgenden Aussagen sind **richtig**?

1. Vor der Stichprobennahme sind die Grenzen eines Konfidenzintervalls für einen Parameter der Grundgesamtheit zufällig.
2. Eine Intervallschätzung für μ besteht darin, dass Intervallgrenzen angegeben werden, zwischen denen μ mit den vorgegebenen Sicherheitsgrad schwankt.
3. Vor der Stichprobenziehung gilt die Aussage: Mit Wahrscheinlichkeit $1-\alpha$ wird das Konfidenzintervall den Parameter μ überdecken.
4. Nach der Stichprobenziehung gilt die Aussage: Der Parameter μ liegt mit Wahrscheinlichkeit $1-\alpha$ im beobachteten Konfidenzintervall.

   a) Eine Antwort ist richtig
   b) Zwei Antworten sind richtig
   c) Drei Antworten sind richtig
   d) Vier Antworten sind richtig
   e) Keine Antwort ist richtig

Frage B2

Wie viele der folgenden Aussagen über die Länge eines approximativen $1-\alpha$-Konfidenzintervalls für eine Wahrscheinlichkeit π auf der Basis einer Stichprobe vom Umfang $n > 100$ sind **richtig**?

1. Die Länge ist unabhängig von dem konkreten Stichprobenergebnis.
2. Die Länge wird mit wachsendem α größer.
3. Die Länge verringert sich um ca. das 30-fache, wenn der Stichprobenumfang um das 1000-fache erhöht wird.
4. Die Länge verhält sich umgekehrt proportional zum Stichprobenumfang.

   a) Eine Antwort ist richtig
   b) Zwei Antworten sind richtig
   c) Drei Antworten sind richtig
   d) Vier Antworten sind richtig
   e) Keine Antwort ist richtig

88

Welche generelle Bedeutung haben die Bestimmungsfaktoren eines $(1-\alpha)$ Konfidenzintervalls? Exemplarisch ist der Fall eines Konfidenzintervalls für den Parameter μ einer normalverteilten Zufallsvariable mit bekannter Varianz angenommen.

Wie viele der folgenden Aussagen sind **richtig**?

1. Werden sehr viele Stichproben gezogen und wird jeweils das Konfidenzintervall für μ zum Sicherheitsgrad $1-\alpha$ gebildet, so werden ungefähr $(1-\alpha)100\%$ dieser Konfidenzintervalle den Parameter μ überdecken.
2. Die Konfidenzintervalle sind umso breiter, je kleiner der Stichprobenumfang ist.
3. Die Konfidenzintervalle sind umso breiter, je stärker die Werte in der Stichprobe streuen.
4. Die Konfidenzintervalle sind umso breiter, je kleiner das Konfidenzniveau ist.

    a) Eine Antwort ist richtig
    b) Zwei Antworten sind richtig
    c) Drei Antworten sind richtig
    d) Vier Antworten sind richtig
    e) Keine Antwort ist richtig

Frage B4

Bei einer Umfrage wurden 927 wahlberechtigte Bürger zufällig ausgewählt und befragt. π soll der Stimmenanteil einer bestimmten Partei in der wahlberechtigten Bevölkerung zum Umfragezeitpunkt sein. Als Konfidenzintervall π für zum Niveau von 0.95 ergab sich [0.2705;0.3295]. Wie viele der folgenden Aussagen sind **richtig**?

1. π schwankt zwischen 0.2705 und 0.3295.
2. Es ist möglich, dass π nicht im Konfidenzintervall [0.2705;0.3295] liegt.
3. Mit Wahrscheinlichkeit 0.95 liegt π im Konfidenzintervall [0.2705;0.3295].
4. Die Wahrscheinlichkeit, dass π von 0.30 um weniger als 0.0295 abweicht, beträgt 0.95

    a) Eine Antwort ist richtig
    b) Zwei Antworten sind richtig
    c) Drei Antworten sind richtig
    d) Vier Antworten sind richtig
    e) Keine Antwort ist richtig

Frage B5

Geben Sie für jede der folgenden vier Thesen zur Theorie des Signifikanztests an, ob die jeweilige Behauptung **richtig** ist.

1. Bei einem Signifikanztest bedeutet das Begehen eines Fehlers 1. Art, eine richtige Nullhypothese abzulehnen.
2. Nur die Entscheidung für die Alternativhypothese lässt sich durch einen Signifikanztest statistisch absichern.
3. Nullhypothese und Alternativhypothese eines Signifikanztests müssen sich gegenseitig ausschließen.
4. Die Testfunktion eines Signifikanztests ist eine Zufallsvariable.

   a) Eine Antwort ist richtig
   b) Zwei Antworten sind richtig
   c) Drei Antworten sind richtig
   d) Vier Antworten sind richtig
   e) Keine Antwort ist richtig

Frage B6

Geben Sie für jede der folgenden vier Thesen zur Theorie des Signifikanztests an, ob die jeweilige Behauptung **richtig** ist.

1. Wird der Stichprobenumfang bei einem Signifikanztest vergrößert, so wird ceteris paribus die Wahrscheinlichkeit für einen Fehler 2. Art kleiner.
2. Wird bei einem Signifikanztest die Wahrscheinlichkeit für einen Fehler 1. Art erhöht, so wird ceteris paribus die Wahrscheinlichkeit für einen Fehler 2. Art kleiner.
3. Der Verwerfungsbereich eines Signifikanztests ist vom Stichprobenergebnis abhängig.
4. Die Nullhypothese wird abgelehnt, wenn die Realisation der Testfunktion im Verwerfungsbereich liegt.

   a) Eine Antwort ist richtig
   b) Zwei Antworten sind richtig
   c) Drei Antworten sind richtig
   d) Vier Antworten sind richtig
   e) Keine Antwort ist richtig

Angabe für die nächsten zwei Fragen B7 und B8

Der Hersteller eines Diätproduktes behauptet, dass bei strikter Einhaltung der Einnahmeangaben eine durchschnittliche Gewichtsreduktion von mindestens 5 kg in den ersten beiden Wochen erzielbar ist. Konsumentenschützer, die diese Angaben bezweifeln, führten eine Studie durch, in der unter kontrollierten Bedingungen 40 Personen teilnahmen. Es zeigte sich, dass die Daten einer Normalverteilung mit einer durchschnittlichen Gewichtsreduktion von 3,3 kg und einer errechneten Standardabweichung von 1,2 kg folgen.

Frage B7 zur vorigen Angabe

Erstellen Sie das Hypothesenpaar!

a) $H_0 : \mu_1 = \mu_2$
$H_1 : \mu_1 \neq \mu_2$

b) $H_0 : \mu \leq 5$
$H_1 : \mu > 5$

c) $H_0 : \mu_1 \leq \mu_2 + 5$
$H_1 : \mu_1 > \mu_2 + 5$

d) $H_0 : \mu_1 = \mu_2 + 5$
$H_1 : \mu_1 \neq \mu_2 + 5$

e) $H_0 : \mu \geq 5$
$H_1 : \mu < 5$

Frage B8 zur vorigen Angabe

Wie groß ist die Prüfgröße? (eventuelles Vorzeichen nicht betrachten)

a) 8,96
b) 7,96
c) 6,96
d) 5,96
e) 4,96

Frage B9

Der systolische Blutdruck folge einer Normalverteilung mit einer Standardabweichung von $\sigma = 10$. Eine Stichprobe vom Umfang n = 144 ergab ein Konfidenzintervall von [173,63; 176,37].

Wie groß ist die Konfidenzzahl?

a) 0,9
b) 0,95
c) 0,05
d) 0,1
e) 0,99

Frage B10

Bei je 400 Jungunternehmen wurde am Ende des ersten beziehungsweise des zweiten Jahres nach der Gründung der durchschnittliche Monatsumsatz erhoben. Es sollte die Frage geprüft werden, ob die Umsätze nach dem zweiten Jahr durchschnittlich höher waren, als nach dem ersten.

Welcher statistische Test ist hier anzuwenden?

a) t-Test für eine Stichprobe
b) t-Test für zwei verbundene Stichproben
c) t-Test für zwei unverbundene Stichproben
d) Welch-Test
e) χ^2-Test

Frage B11

Der durchschnittliche Teergehalt von 2 Zigarettensorten soll anhand der folgenden Daten verglichen werden:

Sorte 1: 18, 16, 14, 16, 19, 20
Sorte 2: 16, 13, 15, 12, 14, 13

Welchen statistischen Test wählen Sie?

a) Mann-Whitney U-Test
b) Wilcoxon-Test
c) χ^2-Test
d) t-Test für zwei verbundene Stichproben
e) t-Test für eine Stichprobe

Frage B12

Im zunehmenden Maße arbeiten Personen zuhause am Computer, das heißt sie sind mittels Modem mit einem Firmenrechner verbunden. In einer Studie sollte untersucht werden, ob diese Beschäftigen mit ihrer Arbeit zufrieden sind. Besonders interessiert der Unterschied in der Arbeitszufriedenheit (1 ... sehr unzufrieden, 5 ... sehr zufrieden) zwischen Telearbeitern und regulär in einem Büro arbeitenden Menschen.

Welcher statistische Test ist hier anzuwenden?

- a) Mann-Whitney U-Test
- b) Wilcoxon-Test
- c) χ^2-Test
- d) t-Test für zwei verbundene Stichproben
- e) t-Test für eine Stichprobe

Frage B13

Bei einem Fest sind 41 Studentinnen und 34 Studenten der Betriebswirtschaft und 36 Studentinnen und 40 Studenten der Publizistik anwesend. Unter all diesen Studierenden soll der Hauptpreis, eine Wochenendreise nach Venedig, verlost werden.

Wie groß ist die Wahrscheinlichkeit, dass eine Publizistik-Studentin gewinnt?

- a) 1, da jemand die Reise gewinnen wird
- b) 0,238
- c) 0,264
- d) 0,473
- e) 0,503

Frage B14

Herr Fröhlich erwartet sehnsüchtig den Besuch seiner Schwiegermutter. Diese muss auf dem Weg zu seiner Wohnung Autobus, Straßenbahn und U-Bahn benützen. Erfahrungsgemäß beträgt die Wahrscheinlichkeit, dass die Schwiegermutter das jeweilige Verkehrsmittel planmäßig erreicht, beim Autobus 7/8, bei der Straßenbahn 5/7, bei der U-Bahn 4/5. Die Schwiegermutter trifft jedoch pünktlich in Herrn Fröhlichs Wohnung ein, wenn sie bei zumindest zwei Verkehrsmitteln rechtzeitig ankommt. Berechnen Sie die Wahrscheinlichkeit, dass Sie pünktlich in Herrn Fröhlichs Wohnung eintrifft.

- a) 0,325
- b) 0,396
- c) 0,5
- d) 0,894
- e) 1,5

Frage B15

Ein Multiple-Choice-Test besteht aus 20 Fragen, bei denen jeweils nur eine der fünf vorgegebenen Antworten richtig ist. Mit welcher Wahrscheinlichkeit können durch bloßes Erraten mehr als 19 Fragen richtig beantwortet werden?

a) 0,069
b) 0,014
c) 0,011
d) 0,002
e) 0

Frage B16

Erfahrungsgemäß werden von einer Maschine zirka 13% der Konfitürengläser schlecht abgefüllt. Wie viele Gläser müssten untersucht werden, damit das 95%-Konfidenzintervall für die Wahrscheinlichkeit der schlecht abgefüllten Gläser von 11% bis 15% reicht?

a) Kann nicht berechnet werden
b) 547
c) 727
d) 857
e) 1087

Frage B17

Der Angestellte behauptet, die Zuckerabfüllmaschine neu eingestellt zu haben: nun sind höchstens 10% der Pakete untergewichtig. Der Kontrollor bezweifelt dies und entnimmt eine Stichprobe von 20 Paketen. Wie viele untergewichtige Pakete würden den Zweifel des Kontrollors bei einem Signifikanzniveau von 5% erhärten?

a) 7 und mehr
b) 6 und mehr
c) 5 und mehr
d) 4 und mehr
e) 3 und mehr

Frage B18

Aus einem Stapel von 500 abgegebenen Prüfungsarbeiten wird (für die Korrektur) zufällig ausgewählt. Was lässt sich bei einem Signifikanzniveau von 1% über das Ergebnis vorhersagen, wenn von den ersten zehn Arbeiten acht positiv beurteilt werden?

Die Anzahl der positiv zu erwarteten Arbeiten wären

  a) mindestens 167
  b) mindestens 237
  c) mindestens 300
  d) mindestens 387
  e) mindestens 400

Angabe zu den nächsten beiden Fragen B19 und B20

Die letzte landwirtschaftliche Betriebszählung im Jahre 1980 ergab für Kärnten eine durchschnittliche Betriebsgröße von 32,5 ha. Die Landwirtschaftskammer will durch eine Stichprobe die Vermutung, dass die Durchschnittsgröße weiter zugenommen hat, überprüfen. Eine Umfrage bei 51 Landwirten wird durchgeführt; aus den Angaben wird das arithmetische Mittel von 36,4 ha und eine Standardabweichung von 13,7 ha berechnet.

Frage B19 zur vorigen Angabe

Formulieren Sie das statistische Testproblem

a)
$$H_0 : \mu \geq 32,5$$
$$H_1 : \mu < 32,5$$

b)
$$H_0 : \mu \leq 32,5$$
$$H_1 : \mu > 32,5$$

c)
$$H_0 : \mu \geq 36,4$$
$$H_1 : \mu < 36,4$$

d)
$$H_0 : \mu \leq 36,4$$
$$H_1 : \mu > 36,4$$

e)
$$H_0 : \mu_1 \leq \mu_2$$
$$H_1 : \mu_1 > \mu_2$$

Frage B20 zur vorigen Angabe

Berechnen Sie die Prüfgröße!

a) 0,14
b) 1,96
c) 2,03
d) 3,56
e) 7,52

Angabe zu den nächsten beiden Fragen B21 und B22

In einer Studie wird der Einfluss von Strategietraining bei zufällig ausgewählten Managern auf den Unternehmenserfolg untersucht:

	Erfolg	
Training	nein	ja
nein	40	75
ja	30	90

Prüfen Sie auf einem Signifikanzniveau von 5%, ob ein statistischer Zusammenhang besteht.

Frage B21 zur vorigen Angabe

Geben Sie die Testgröße (Prüfgröße) an

a) 5,024
b) 3,841
c) 2,706
d) 2,687
e) 1,958

Frage B22 zur vorigen Angabe

Geben Sie den kritischen Wert an!

a) 5,024
b) 3,841
c) 2,706
d) 2,687
e) 1,958

Angabe zu den nächsten beiden Fragen B23 und B24

Überprüfen Sie die Hypothese, dass die beiden Merkmale Harnsäure und Cholesterin statistisch zusammenhängen:

Frage B23 zur vorigen Angabe

Stellen Sie dazu beide Hypothesen auf!

a) $H_0 : \rho = 0$
$H_1 : \rho \neq 0$

b) $H_0 : \rho \geq 0$
$H_1 : \rho < 0$

c) $H_0 : \rho \leq 0$
$H_1 : \rho > 0$

d) $H_0 : \mu_1 \leq \mu_2$
$H_1 : \mu_1 > \mu_2$

e) $H_0 : \mu_1 \geq \mu_2$
$H_1 : \mu_1 < \mu_2$

Frage B24 zur vorigen Angabe

Bestimmen Sie die Prüfgröße, wenn für die beiden Merkmale unter 230 zufällig ausgewählten Personen eine Korrelation von 0,27 vorliegt!

a) 1,234
b) 2,234
c) 3,234
d) 4,234
e) 5,234

Frage B25

Zwei metrische Merkmale liefern in einer Stichprobe vom Umfang 2.200 eine Korrelation von -0,06. Überprüfen Sie einen gegensinnigen Zusammenhang auf einem Signifikanzniveau von $\alpha = 0,05$ und entscheiden Sie sich im Bezug auf die Relevanz:

a) Das Ergebnis ist relevant.
b) Das Ergebnis ist nicht signifikant.
c) Das Ergebnis ist nicht signifikant aber relevant.
d) Das Ergebnis ist signifikant aber nicht relevant.
e) Das Ergebnis ist nicht signifikant und nicht relevant.

Frage B26

Ein Pharmakonzern produziert Tabletten, deren Wirkstoffmenge normalverteilt ist. Bei fünf der Produktion zufällig entnommenen Tabletten ergaben sich folgende Wirkstoffmengen (in Milligramm):

$$\boxed{20,2} \quad \boxed{18,6} \quad \boxed{20,2} \quad \boxed{20,2} \quad \boxed{19,8}$$

Berechnen Sie mit Hilfe dieser Werte ein 90%-Konfidenzintervall. Wie groß ist die Konfidenzintervalllänge L?

    a) 0,32
    b) 1,32
    c) 2,32
    d) 3,32
    e) 4,32

Frage B27

Ein Versandhaus will die im Laufe eines Jahres aus zwei verschiedenen Regionen eingegangenen Bestellungen untersuchen. Um die Frage, ob die durchschnittliche Bestellsumme auf einem 5% Niveau in der ersten Region signifikant kleiner ist als in der zweiten Region kann welcher statistische Test angewendet werden:

    a) t-Test für eine Stichprobe
    b) t-Test für zwei verbundene Stichproben
    c) t-Test für zwei unverbundene Stichproben
    d) Welch-Test
    e) χ^2-Test

Angabe zu den nächsten beiden Fragen B28 und B29

An 10 Tagen wurde die Zeit, die ein Arbeitnehmer benötigt, um mit seinem PKW zur Arbeitsstelle zu gelangen, in Minuten gemessen:

24,3	35,2	33,8	46,8	29,6	22,0	34,5	41,1	32,1	29,9

Liegen zum 5% Niveau signifikante Abweichungen des Medians der Anfahrtszeit von 30 Minuten vor?

98

Frage B28 zur vorigen Angabe

Berechnen Sie die Prüfgröße des Wilcoxon-Test!

- a) 18
- b) 24
- c) 28
- d) 33
- e) 37

Frage B29 zur vorigen Angabe

Berechnen Sie die Prüfgröße des Vorzeichentests!

- a) 7
- b) 6
- c) 5
- d) 4
- e) 3

Frage B30

An einer Privatschule X_1 und einer öffentlichen Schule X_2 wurden die Noten der 4. Klassen verglichen.

Welcher statistische Test ist hier anzuwenden?

- a) Mann-Whitney U-Test
- b) Wilcoxon-Test
- c) χ^2-Test
- d) t-Test für zwei verbundene Stichproben
- e) t-Test für eine Stichprobe

Frage B31

Welche Aussage ist **falsch**?

- a) Der zu schätzende Parameter der Grundgesamtheit ist unbekannt.
- b) Der zu schätzende Parameter der Grundgesamtheit ist eine konstante Größe.
- c) Die Schätzfunktion ist eine Zufallsvariable, deren Realisation abhängig ist von der Stichprobe.
- d) Das Konfidenzintervall ist ein Bereich, das den zu schätzenden Parameter mit Sicherheit enthält.
- e) Um eine erwartungstreue Schätzung zu ermöglichen, muss eine repräsentative Stichprobe vorliegen.

Frage B32

Auf einer landwirtschaftlichen Versuchsanlage werden 10 Felder zufällig ausgewählt, um ein neues Düngemittel für den Kartoffelanbau zu testen. Zuerst wurde jedes Versuchsfeld halbiert um in der einen Hälfte das herkömmliche Düngemittel und in der anderen Hälfte das neue Mittel einzusetzen. Es soll mittels eines statistischen Tests kontrolliert werden, ob die durchschnittlichen Erteerträge bei einer Irrtumswahrscheinlichkeit von 0,05 durch das zweite, neue Düngemittel signifikant gegenüber dem herkömmlichen Düngemittel gesteigert ist.

Welcher statistische Test ist anzuwenden?

a) t-Test für eine Stichprobe
b) t-Test für zwei verbundene Stichproben
c) t-Test für zwei unverbundene Stichproben
d) Welch-Test
e) χ^2-Test

Angabe zu den nächsten drei Fragen B33 bis B35

In einer Studie wurden die Variablen Geschlecht und Freizeitbeschäftigung untersucht, wobei folgende Häufigkeiten beobachtet wurden:

	Geschlecht	
Beschäftigung	Buben	Mädchen
Tanz	35	55
Sport	70	20
Anderes	80	60

Frage B33 zur vorigen Angabe

Mit welchem statistischen Verfahren kann die Frage beantwortet werden, ob sich Buben von Mädchen bezüglich ihrer bevorzugten Freizeitbeschäftigung unterscheiden?

a) Mann-Whitney U-Test
b) Wilcoxon-Test
c) χ^2-Test
d) t-Test für zwei verbundene Stichproben
e) t-Test für eine Stichprobe

Frage B34 zur vorigen Angabe

Bestimmen Sie die Prüfgröße!

- a) 0,95
- b) 7,95
- c) 17,95
- d) 27,95
- e) 37,95

Frage B35 zur vorigen Angabe

Der kritische Wert bei einem Signifikanzniveau von 1% ist

- a) 4,604
- b) 5,024
- c) 5,991
- d) 7,378
- e) 9,210

Frage B36

Welche der Aussagen ist **richtig**?

- a) Bei einer Normalverteilung liegen alle Werte zwischen $\mu - 3\sigma$ und $\mu + 3\sigma$.
- b) Je größer die Varianz, desto flacher verläuft die Glockenkurve.
- c) Je kleiner die Varianz, desto flacher verläuft die Glockenkurve.
- d) Der Erwartungswert ist immer gleich 0.
- e) Der Erwartungswert kann keine negativen Werte annehmen.

Frage B37

Es wird angenommen, dass für den Anteil weiblicher Medizinstudenten aus einer Stichprobe der Schätzwert von $p = 0,435$ und als 95%-iges Konfidenzintervall [0,311;0,559] zu erhalten ist. Was besagt dieses Intervall bezüglich des Anteils weiblicher Medizinstudenten in der Grundgesamtheit?

- a) Dieser Anteil liegt mit Sicherheit zwischen den Werten 0,311 und 0,559.
- b) Der Anteil liegt mit 95%-iger Wahrscheinlichkeit zwischen 0,311 und 0,559.
- c) Der „weibliche" Anteil ist mit einer Wahrscheinlichkeit von 2,5% geringer als 0,311.
- d) Dieser Anteil ist mit einer Wahrscheinlichkeit von 2,5% größer als 0,559.
- e) Es ist letzten Endes unbekannt, ob der zu schätzende Anteil innerhalb des Konfidenzintervalls liegt. Es ist nur bekannt, dass das angewandte Verfahren – sofern seine Voraussetzungen erfüllt sind – mit 95%-iger Wahrscheinlichkeit ein Konfidenzintervall erzeugt, das den Anteil der Grundgesamtheit enthält.

Angabe zu den nächsten zwei Fragen B38 und B39

Die folgende Tabelle enthält die Höhe (H in cm) und das Gewicht (G in kg) von 10 elfjährigen Mädchen:

Nr.	H	G
1	135	26
2	146	33
3	153	55
4	154	50
5	139	32
6	131	25
7	149	44
8	137	31
9	143	36
10	146	35

Frage B38 zur vorigen Angabe

Angenommen die Werte sind normalverteilt, welches statistische Verfahren kann verwendet werden, um den Zusammenhang zwischen Gewicht und Höhe bei elfjährigen Mädchen zu untersuchen?

a) χ^2-Test
b) Gepaarter t-Test
c) t-Test für unabhängige Stichproben
d) Lineare Regression
e) Vorzeichentest für gepaarte Stichproben

Frage B39 zur vorigen Angabe

Testen Sie zum Signifikanzniveau von 5%, ob es einem Zusammenhang zwischen Höhe und Gewicht gibt. Bestimmen Sie die Prüfgröße t. Lehnen Sie den Test ab, so addieren Sie zu t den Wert 10, das heißt Sie erhalten den Wert k = t + 10. Wird der Test nicht abgelehnt, so bestimmen Sie den Wert k = t - 10. Wie groß ist k?

a) -5,216
b) -3,216
c) 10,928
d) 14,784
e) 16,784

Frage B40

Welche der folgenden Aussagen bezüglich eines Konfidenzintervalls für μ ist **richtig**?

   a) Je größer der Stichprobenumfang n ist, umso größer ist das Konfidenzintervall.
   b) Je größer n ist, umso kleiner ist das Konfidenzintervall.
   c) Die Breite des Konfidenzintervalls ist abhängig von n.
   d) Jedes Konfidenzintervall, das aus einer repräsentativen Stichprobe ermittelt wird, enthält μ.
   e) Der Stichprobenmittelwert ist unerheblich für die Bestimmung der Intervallgrenzen.

Frage B41

Mit Hilfe der t-Verteilung soll ein zweiseitiges Konfidenzintervall für das arithmetische Mittel μ der Grundgesamtheit gebildet werden.

Welcher Parameter wird dafür **nicht** benötigt?

   a) Die Standardabweichung σ der Grundgesamtheit
   b) Das arithmetische Mittel $\bar{x}$
   c) Die empirische Standardabweichung s
   d) Der Stichprobenumfang n
   e) Das Quantil $t_{n-1;1-\frac{\alpha}{2}}$ der t-Verteilung

---

Frage B42

Wovon ist die Breite eines Konfidenzintervalls für μ **nicht** abhängig?

   a) Vom Stichprobenumfang n
   b) Vom arithmetischen Mittel $\bar{x}$
   c) Von der Irrtumswahrscheinlichkeit α
   d) Von der Variabilität der Messwerte
   e) Davon, ob das Intervall 1-seitig oder 2-seitig ist

Frage B43

Es wird angenommen, dass die Körpergröße X erwachsener Frauen normalverteilt ist mit der Standardabweichung $\sigma = 5\,cm$. Aus einer Stichprobe von 25 Frauen ergibt sich ein Mittelwert $\bar{x} = 168\,cm$. Damit lässt sich als zweiseitiges Konfidenzintervall zur Irrtumswahrscheinlichkeit $\alpha = 0,05$ ermitteln:

a) [163cm;173cm]
b) [158cm;178cm]
c) [164cm; ∞ [
d) [166cm;170cm]
e) Dieses Intervall kann nicht bestimmt werden, da die Stichprobenvarianz nicht angegeben ist.

Frage B44

Ein Forscher hofft, dass ein von ihm entwickeltes Medikament zur Blutdrucksenkung besser ist als ein herkömmliches Standardmedikament und will dies durch einen Test absichern. Wie soll er seine Vermutung formulieren?

a) Als Nullhypothese
b) Als Alternativhypothese
c) Dies ist gleichgültig
d) Dies hängt von den Folgen einer Fehlentscheidung ab
e) Dies hängt von ethisch-moralischen Überlegungen ab

Frage B45

Welche Aussage ist **falsch**?

a) Bei jedem Test schließen sich Annahme- und kritischer Bereich aus.
b) Die Größe des α-Fehlers beeinflusst die Größe des β-Fehlers.
c) Ob ein- oder zweiseitig getestet wird, muss vor der Testdurchführung aufgrund sachlogischer Überlegungen entschieden werden.
d) Die Messwerte der Beobachtungseinheiten innerhalb einer Stichprobe müssen unabhängig voneinander sein.
e) Der Stichprobenumfang hat keinerlei Einfluss auf das Testergebnis.

Frage B46

Welche Aussage ist **richtig**?

a) Liegt nach der Durchführung eines Tests die Testgröße nicht im Annahmebereich, wird die Nullhypothese abgelehnt.
b) Die Größe des Fehlers 1. Art ist zufällig.
c) Wenn die Nullhypothese nicht abgelehnt wird, wird stets ein Fehler 2. Art gemacht.
d) Der Ablehnungsbereich ist immer ein zusammen hängendes Intervall.
e) Wenn die Alternativhypothese richtig ist, beträgt die Wahrscheinlichkeit, aufgrund des Testergebnisses falsch zu entscheiden, höchstens α.

Frage B47

Beim Testen einer Nullhypothese H_0 gegen eine Alternativhypothese H_1 bedeutet eine Wahrscheinlichkeit von $\alpha = 0,05$ für den Fehler 1. Art: die Wahrscheinlichkeit ist höchstens 0,05 dafür, dass

a) H_1 angenommen wird, wenn H_0 richtig ist
b) H_0 beibehalten wird, wenn H_0 richtig ist
c) H_0 nicht abgelehnt wird, wenn H_1 richtig ist
d) H_0 abgelehnt wird, obwohl H_0 richtig ist
e) H_1 fälschlicherweise abgelehnt wird

Frage B48

Welcher Test setzt nominal skalierte Merkmale voraus?

a) Der t-Test für zwei verbundene Stichproben
b) Der Wilcoxon-Test
c) Der F-Test
d) Der χ^2-Homogenitätstest
e) Keiner dieser Tests

Frage B49

Welche Aussage bezüglich des β-Fehlers ist **richtig**?

a) Der β-Fehler wird vor der Testdurchführung festgelegt und beträgt üblicherweise 5%.
b) Der β-Fehler ist immer größer als der α-Fehler.
c) Der β-Fehler kann durch den Stichprobenumfang beeinflusst werden.
d) Je größer die Power (Güte) eines Tests, umso größer ist auch der β-Fehler.
e) Der α-Fehler und der β-Fehler sind voneinander unabhängig.

Frage B50

Gegeben seien zwei Grundgesamtheiten mit den Erwartungswerten μ_1 und μ_2 und derselben Varianz σ^2. Daraus werden zwei Stichproben gezogen und deren Mittelwerte mit dem t-Test für unverbundene Stichproben überprüft. Dabei wird die Wahrscheinlichkeit für den β-Fehler größer, wenn alle Größen gleich bleiben, aber

a) der Stichprobenumfang größer wird
b) die Irrtumswahrscheinlichkeit α größer wird
c) der Betrag der Differenz $|\mu_1 - \mu_2|$ größer wird
d) die Varianz σ^2 größer wird
e) die Varianz σ^2 kleiner wird

Frage B51

Ein Forscher hat ein schmerzstillendes Präparat entwickelt und überprüft dessen Wirkung über einen statistischen Test. Er erhält ein nicht-signifikantes Testergebnis (mit $\alpha = 0,05$), Wie ist dies zu interpretieren?

a) Damit ist bewiesen, dass sich das neue Präparat von einem Placebo grundlegend unterscheidet.
b) Damit ist bewiesen, dass das neu entwickelte Medikament wirkungslos ist.
c) Mit 95%-iger Wahrscheinlichkeit gibt es keinen Unterschied zwischen neuem Präparat und Placebo.
d) Das Testergebnis besagt, dass weitergehende Forschungen auf diesem Gebiet sinnlos sind.
e) Aufgrund des Ergebnisses lässt sich ein Unterschied zwischen neuem Präparat und Placebo nicht nachweisen. Ein β-Fehler ist dabei jedoch nicht ausgeschlossen. Über dessen mögliche Ursachen muss nachgedacht werden.

Frage B52

Welcher Test setzt normalverteilte Daten voraus?

a) t-Test
b) Wilcoxon-Test
c) χ^2-Test
d) Mann-Whitney U-Test
e) keiner dieser Tests

Frage B53

Gegeben seien zwei unverbundene Stichproben mit sehr günstigen Voraussetzungen: die Daten entstammen aus zwei normalverteilten Grundgesamtheiten mit gleich großen Varianzen. Es soll überprüft werden, ob Gleichheit der Erwartungswerte angenommen werden kann. Welcher Test sollte bevorzugt werden?

a) Welch-Test
b) Mann-Whitney U-Test
c) t-Test für unverbundene Stichproben
d) Alle drei Tests sollen angewendet werden und sich anschließend für den Test entscheiden, der ein signifikantes Ergebnis liefert.
e) Es ist vollkommen gleichgültig, welcher Test angewendet wird, weil die Voraussetzungen für jeden Test erfüllt sind.

Frage B54

Es wird das mittlere Körpergewicht einer Patientengruppe verglichen, die ein Jahr lang eine bestimmte Diät zu sich genommen hat mit dem mittleren Körpergewicht einer vergleichbaren Gruppe, die sich mit Normalkost ernährt hat. Es ist bekannt, dass die Gewichte schiefverteilt sind und der Stichprobenumfang pro Gruppe nicht größer als 10 ist. Welcher Test eignet sich am ehesten?

a) t-Test für verbundene Stichproben
b) t-Test für unverbundene Stichproben
c) Mann-Whitney U-Test
d) Welch-Test
e) Vorzeichentest

Frage B55

Zum t-Test für zwei unverbundene Stichproben werden zwei Stichproben der Umfänge n_1 und n_2 heran gezogen. Welche Aussage ist **falsch**?

a) Beim Testen wird die Nullhypothese $\mu_1 = \mu_2$ zugrunde gelegt.
b) Die Anzahl der Freiheitsgrade beträgt $df = n_1 + n_2 - 2$.
c) Dieser Test setzt normalverteilte Grundgesamtheiten voraus.
d) Dieser Test setzt gleiche Varianzen der Grundgesamtheiten voraus.
e) Die Umfänge müssen gleich groß sein.

Frage B56

Bei einem χ^2-Test ergibt sich für den Wert der Prüfgröße $\chi^2=0$. Was besagt dieses Ergebnis?

a) Dieses Ergebnis ist unmöglich, da die Prüfgröße nur positive Werte annehmen kann.
b) $\chi^2=0$ belegt eindeutig, dass die Nullhypothese richtig ist.
c) $\chi^2=0$ belegt eindeutig, dass die Alternativhypothese richtig ist.
d) Aufgrund des Testergebnisses wird die Nullhypothese beibehalten; ein β-Fehler ist bei dieser Entscheidung jedoch nicht auszuschließen.
e) Ob die Null- oder die Alternativhypothese angenommen wird, ist abhängig von der Größe des α-Fehlers.

Frage B57

Welche Aussage trifft beim Vierfelder-Test **nicht** zu?

a) Die Prüfgröße kann generell Werte zwischen $-\infty$ und $+\infty$ annehmen.
b) Dem Vierfelder-Test liegt die χ^2-Verteilung zugrunde.
c) Die Anzahl der Freiheitsgrade beträgt immer 1.
d) Falls die Prüfgröße einen Wert größer als 3,84 annimmt, wird die Nullhypothese zugunsten der Alternativhypothese abgelehnt.
e) Mit diesem Test lässt sich die Unabhängigkeit zweier Alternativmerkmale überprüfen.

Frage B58

Welche Aussage ist beim Vorzeichentest **falsch**?

a) Der Vorzeichentest ist bei zwei verbundenen Stichproben mit einem quantitativ-stetigen Merkmal anwendbar.
b) Das zugrunde liegende Modell ist die Binomialverteilung mit $p=0,5$.
c) Der Test setzt zwei verbundene Stichproben mit gleichen Varianzen voraus.
d) Vor der Durchführung dieses Tests muss die Größe des α-Fehlers festgelegt werden.
e) Er hat eine geringere Power als der t-Test, wenn dessen Voraussetzungen erfüllt sind.

Frage B59

Gegeben seien drei unverbundene Stichproben, die paarweise mit dem t-Test (jeweils $\alpha = 0{,}05$) getestet werden. Insgesamt werden also 3 Tests durchgeführt. Wie groß ist bei diesem Verfahren insgesamt der Fehler 1. Art?

a) $\dfrac{\alpha}{3}$

b) 3α

c) $1 - 3\alpha$

d) α^3

e) $1 - (1 - \alpha)^3$

Frage B60

Von 20.000 Anästhesisten sollen in den folgenden Monaten etwa 2.000 als Stichprobe gezogen und unter verschiedenen Gesichtspunkten ausgewertet werden. Die unter 1.-4. genannten Verfahren liefern ungefähr die benötigte Anzahl.

Wie viele der folgenden Mengen stellen Zufallsstichproben dar?

1. alle Anästhesisten, für die bestimmte Oberärzte verantwortlich sind
2. alle Anästhesien, die an Patienten durchgeführt werden, deren Nachnamen mit einem der Buchstaben A-C beginnen
3. alle Anästhesien von Patienten im Alter zwischen 20 und 29 Jahren
4. alle Anästhesien, die montags durchgeführt werden

a) Eine Stichprobe
b) Zwei Stichproben
c) Drei Stichproben
d) Vier Stichproben
e) Keine Stichprobe

Frage B61

Was trägt – wenn mehrere Stichproben untersucht werden – nicht dazu bei, den systematischen Fehler zu vermeiden?

a) Große Stichproben
b) Repräsentative Stichproben
c) Beobachtungsgleichheit
d) Strukturgleichheit
e) Die Wahl eines geeigneten statistischen Modells

Frage B62

Im Rahmen einer Doktorarbeit soll untersucht werden, wie die Heilung bei 120 Patienten verlaufen ist, die im vergangenen Jahr an einem Finger operiert worden sind. Zur Datenerhebung wird jedem dieser Patienten ein Fragebogen mit der Bitte geschickt, diesen auszufüllen und zurück zu senden. 80 Patienten retournieren den Fragebogen. Kann davon ausgegangen werden, dass diese 80 Patienten eine repräsentative Stichprobe der 120 Patienten darstellen?

a) Eine Antwort auf diese Frage hängt von den Skalenniveaus der auszuwertenden Merkmale ab.
b) Nein.
c) Ja, da der Stichprobenumfang $n = 80$ sehr groß ist.
d) Ja, da der Stichprobenumfang im Verhältnis zur Grundgesamtheit sehr groß ist.
e) Ja, da die Teilnahme an der Fragebogenaktion freiwillig erfolgte.

Frage B63

Was kann **keine** Ursache für den zufälligen Fehler sein?

a) Kleine Stichproben
b) Die intraindividuelle Variabilität der Beobachtungseinheiten
c) Die interindividuelle Variabilität der Beobachtungseinheiten
d) Nicht-repräsentative Stichproben
e) Subjektives Ablesen

Frage B64

Eine streng zufällige Zuteilung auf 2 Behandlungsgruppen wird am ehesten erzielt

a) indem der Patient die Gruppe wählt.
b) indem der behandelnde Arzt die Gruppe wählt.
c) indem eine zufällig anwesende Person gebeten wird, eine Zahl zwischen 1 und 8 zu nennen und danach entscheidet, ob diese Zahl gerade oder ungerade ist.
d) durch systematisches Alternieren.
e) mit Hilfe eines Würfels oder einer Zufallszahl.

Frage B65

Welche Aussage ist **richtig**?

a) Es wird kein Fehler zweiter Art begangen, wenn die Prüfgröße einen Wert des Annahmebereichs annimmt.

b) Ein aufgrund einer konkreten Stichprobe berechnetes Konfidenzintervall enthält mit einer vorgegebenen Wahrscheinlichkeit von $1-\alpha$ den wahren (zu schätzenden) Parameter.

c) In der schließenden Statistik wird stets versucht, von den bekannten Parametern einer Grundgesamtheit auf die unbekannten Parameter einer einzelnen Stichprobe zu schließen.

d) Kann bei einem Test H_0 nicht verworfen werden, so ist H_0 richtig.

e) Die Genauigkeit einer Punktschätzung wächst im Allgemeinen mit zunehmendem Umfang der Stichprobe.

Frage B66

Welche Aussage ist **richtig**?

a) Führt der Test einer Hypothese zu ihrer Ablehnung, so ist damit bewiesen, dass diese Hypothese falsch ist.

b) Der Fehler erster Art kann durch Vergabe eines Signifikanzniveaus auf α begrenzt werden.

c) Der statistische Test einer wahren Hypothese führt immer zu ihrer Annahme.

d) Ist ein Testergebnis statistisch signifikant, so ist es damit realwissenschaftlich relevant (bedeutsam).

e) Mit Tests statistischer Hypothesen wird festgestellt, ob eine (Null-) Hypothese richtig ist.

Frage B67

Welche Aussage ist **richtig**?

a) Der kritische Bereich eines Tests kann unter anderem durch das Signifikanzniveau variiert werden.

b) Ein Fehler zweiter Art wird begangen, wenn eine Nullhypothese verworfen wird, obwohl sie richtig ist.

c) Der kritische Bereich ist derjenige Teil des Wertebereichs einer Prüfgröße, in dem eine eindeutige Entscheidung hinsichtlich der Richtigkeit der Nullhypothese getroffen werden kann.

d) Das Signifikanzniveau α eines Tests heißt kritischer Wert eines Tests.

e) Der Fehler 1. Art ist stets genau so groß wie der Fehler 2. Art.

Frage B68

Welche Aussage ist **richtig**?

a) Bei einer Vollerhebung werden alle Merkmale der Merkmalsträger erhoben.
b) Eine Stichprobenerhebung hat gegenüber einer Totalerhebung bei gleichem Fragenprogramm den Vorteil geringerer Kosten und größerer Aktualität.
c) Eine Zufallsstichprobe hat gegenüber jenen Stichproben, die nicht auf dem Zufallsprinzip beruhen, den Vorteil, dass allenfalls Zufallsfehler vorkommen können.
d) Ein Beispiel für eine Zufallsauswahl ist die willkürliche Auswahl.
e) Eine systematische Auswahl ist dann ein geeignetes Ersatzverfahren für die Zufallsauswahl, wenn die Beobachtungseinheiten der Grundgesamtheit einer periodischen Ordnung folgen und diese unbekannt ist.

Frage B69

Welche Aussage ist **falsch**?

a) Jedes normalverteilte Merkmal kann durch eine geeignete Transformation in ein standardnormalverteiltes Merkmal überführt werden.
b) Beim χ^2-Unabhängigkeitstest können die Zeilen und/oder Spalten der gegebenen Kontingenztabelle permutiert werden, ohne dass sich der Wert der Prüfgröße dadurch ändert.
c) Je öfter ein unverfälschter Würfel geworfen wird, desto sicherer lassen sich die Ergebnisse im Einzelfall vorhersagen.
d) Durch eine hinreichende Vergrößerung der Stichprobenumfänge lässt sich bei einem t-Test (gepaart) stets erreichen, dass auch beliebig kleine (praktisch bedeutungslose) Unterschiede zwischen den arithmetischen Mittelwerten statistisch signifikant sind.
e) Für eine empirische Untersuchung kann die Behauptung, dass 90% aller Beamten schwarze Schuhe tragen, eine (statistische) Hypothese sein.

Frage B70

Welche Aussage ist **falsch**?

a) Der statistische Test einer falschen Hypothese führt immer zu ihrer Ablehnung.
b) Die kritischen Bereiche ein- und zweiseitiger Tests unterscheiden sich bei jedem Signifikanzniveau.
c) Der Test für den Anteilswert π gehört zur Klasse der Tests für parametrische Hypothesen.
d) Ein Konfidenzintervall für μ ist dadurch gekennzeichnet, dass es symmetrisch zum Mittelwert μ ist.
e) Schätz- und Testverfahren beruhen im Wesentlichen auf gleichen Überlegungen.

Frage B71

Welche Aussage ist **falsch**?

a) Das Konfidenzintervall für den unbekannten arithmetischen Mittelwert einer Grundgesamtheit wird bei bekannter Varianz der Grundgesamtheit und sonst gleichen Bedingungen mit zunehmendem Stichprobenumfang kleiner.

b) Das Konfidenzintervall zum Konfidenzniveau 0,95 für das arithmetische Mittel der Grundgesamtheit, ist so zu interpretieren, dass 95% aller möglichen Stichproben Intervallgrenzen liefern, die das arithmetische Mittel der Grundgesamtheit einschließen.

c) Erst nach der Ziehung einer Stichprobe kann festgestellt werden, ob das berechnete Konfidenzintervall den unbekannten Parameter mit einer vorgegebenen Wahrscheinlichkeit enthält oder nicht.

d) Die Durchführung einer Intervallschätzung für das arithmetische Mittel bei normalverteilter Grundgesamtheit setzt eine Punktschätzung für das arithmetische Mittel der Grundgesamtheit voraus.

e) Die Genauigkeit einer Intervallschätzung kann verbessert werden, wenn die Stichprobenerhebung so organisiert wird, dass die Streuung in der Stichprobe kleiner wird.

Frage B72

Welche Aussage ist **richtig**?

a) Statistische Hypothesen werden für die Schätzung von Parametern benötigt.

b) Der Fehler 1. Art wird häufig auch als β-Fehler bezeichnet.

c) Um bei einem statistischen Test möglichst keine falsche Testentscheidung zu treffen, wird ein kleiner Wert für das Signifikanzniveau gewählt.

d) Wird die Irrtumswahrscheinlichkeit α verringert, so reduziert sich die Wahrscheinlichkeit eine falsche Testentscheidung zu treffen.

e) Je größer die Irrtumswahrscheinlichkeit α gewählt wird, umso eher kommt es zur Ablehnung der Nullhypothese.

Frage B73

Von 250 Österreichern, die befragt wurden, waren 56,8% gegen Neuwahlen.

Wie viele Personen hätten befragt werden müssen, damit die Hypothese „Mindestens 60% der Österreicher sind gegen Neuwahlen" mit 95%-iger Sicherheit hätte verworfen werden können?

a) 635
b) 285
c) 400
d) 1999
e) 3517

Frage B74

Welche Aussage ist **falsch**?

a) Zur Berechnung eines konkreten Konfidenzintervalls wird ein Stichprobenergebnis benötigt.

b) Eine Hypothese werde auf dem Signifikanzniveau $\alpha = 0,01$ verworfen. Dann wird sie auch auf dem Niveau $\alpha = 0,05$ verworfen.

c) Das arithmetische Mittel μ der Grundgesamtheit lässt sich bei bekannter Varianz umso genauer schätzen, je größer der Stichprobenumfang ist.

d) Eine Vervierfachung des Stichprobenumfangs bewirkt eine Halbierung der Länge des Konfidenzintervalls für das arithmetische Mittel der Grundgesamtheit bei bekannter Varianz.

e) Je größer das Konfidenzniveau $1 - \alpha$, umso genauer ist die Schätzung des Konfidenzintervalls für das arithmetische Mittel der Grundgesamtheit bei bekannter Varianz.

Frage B75

Bei welcher Testsituation ist der ungepaarte t-Test anzuwenden?

a) Augendruck vor und nach Operation
b) Visus links und rechts
c) Herz- und Atemfrequenz
d) Schlafdauer von Frauen und Männern
e) Körpergröße von Geschwistern

Frage B76

Welche Aussage in Bezug auf die Bestimmung von abhängiger und unabhängiger Variablen ist **falsch**?

a) Alter ist die unabhängige und Ausdauerleistung die abhängige Variable.
b) Körpergröße ist die unabhängige und Hochsprungleistung die abhängige Variable.
c) Körpergewicht der Mutter als unabhängige und Geburtsgewicht des Kindes als abhängige Variable.
d) Vortestleistung als unabhängige und Nachtestleistung als abhängige Variable.
e) Körpergewicht als unabhängige und Körpergröße als abhängige Variable.

Frage B77

Eine Umfrage unter österreichischen Arbeitern nach ihrem monatlichen Nettoeinkommen ergab für 2 Bundesländer folgende Werte:

Bundesland	befragte Arbeiter	arithmetisches Mittel	Stichproben-varianz
Oberösterreich	130	12160	205500
Tirol	115	10741	141327

Ist der Unterschied zwischen Oberösterreich und Tirol signifikant?
Führen Sie einen unabhängigen t-Test durch (bei Annahme gleicher Varianzen für die Gleichheit der arithmetischen Mittel der Grundgesamtheit).

- a) 2,754
- b) 4,967
- c) 5,603
- d) 17,597
- e) 25,157

Frage B78

In einer Umfrage wurde nach Besitz von Aktien und Lebensversicherungen (LV) gefragt:

	LV	keine LV
Aktien	45	50
keine Aktien	80	215

Prüfen Sie die Hypothese, dass der Anteil der Aktienbesitzer gleich groß ist wie der Anteil der Lebensversicherungs-Besitzer. Wie groß ist die Teststatistik?

- a) 5,53
- b) 7,53
- c) 9,53
- d) 11,53
- e) 13,53

Frage B79

Eine Umfrage ergab, dass 18% aller Studenten männlichen Geschlechts sind und rauchen. 42% aller Studenten rauchen. 68% aller Nichtraucher unter den Studenten sind weiblichen Geschlechts. Wie groß ist die Wahrscheinlichkeit, dass eine Studentin raucht?

- a) 0,571
- b) 0,378
- c) 0,320
- d) 0,293
- e) 0,240

Frage B80

Konsumenten wurden befragt, ob sie Rindfleisch bzw. Geflügel unverändert oder weniger kaufen:

	Geflügel weniger oft	Geflügel unverändert
Rind weniger oft	50	100
Rind unverändert oft	25	25

Prüfen Sie die Hypothese, dass Änderungen beim Einkauf von Rindfleisch und von Geflügel unabhängig sind. Wie lautet die Teststatistik?

a) 8,44
b) 6,44
c) 4,44
d) 2,44
e) 0,44

Frage B81

20% eines Produkts weisen (nach der Produktion) Mängel auf. Das Produkt wird vor dem Verkauf getestet. Der Test stuft 80% der mangelhaften und 10% der fehlerfreien Produkte als mangelhaft ein. Wie groß ist unter den Produkten, die in den Handel kommen, der Anteil der fehlerhaften (in Prozent)?

a) 4,00
b) 5,26
c) 12,00
d) 18,182
e) 20,00

Frage B82

Oma Anna hat 15 linke und 12 rechte Handschuhe. Da sie nicht mehr so gut sehen kann kommt es schon mal vor, dass sie zwei nicht zueinander passende Handschuhe anzieht. Bei den linken Handschuhen sehen zwei gleich aus, bei den rechten sehen fünf Handschuhe gleich aus.

Wie viele Handschuhkombinationen gibt es, die Oma Anna anziehen kann?

a) 18
b) 39
c) 91
d) 112
e) 208

Angabe zu den nächsten zwei Fragen B83 und B84

Von den Studierenden, die in einem Semester an den Klausuren im Fach Statistik und im Fach Finanzmathematik teilnahmen, haben 15% die Statistik-Klausur, 12% die Finanzmathematik-Klausur und 8% beide Klausuren (Statistik und Finanzmathematik) nicht bestanden.

Frage B83 zur vorigen Angabe

Wie groß ist die Wahrscheinlichkeit, dass ein zufällig ausgewählter Student nur in Finanzmathematik die Klausur nicht besteht?

- a) 0,19
- b) 0,04
- c) 0,81
- d) 0,11
- e) 0,08

Frage B84 zur vorigen Angabe

Wie groß ist die Wahrscheinlichkeit, dass einzufällig ausgewählter Student in keinem der beiden Fächer die Klausur besteht?

- a) 0,19
- b) 0,04
- c) 0,81
- d) 0,27
- e) 0,30

Frage B85

Welche Aussage ist **falsch**?

- a) Beim χ^2-Unabhängigkeitstest können die Zeilen und / oder Spalten der gegebenen Kontingenztabelle permutiert werden, ohne dass sich der Wert der Testgröße dadurch ändert.
- b) Bei gleichem Datensatz ist das 90%-Konfidenzintervall kleiner als das 95%-Konfidenzintervall.
- c) Mit wachsendem Stichprobenumfang wird das 95%-Konfidenzintervall im Allgemeinen kleiner.
- d) Die Grenzen eines 95%-Konfidenzintervalls sind Zufallsvariablen.
- e) Ist der Wert der Teststatistik bei einem einseitigen Test größer als der kritische Wert, so ist der Test abzulehnen.

Frage B86

Im Rahmen der Evaluation der Ausbildung in einer Fahrschule wurden Fahrschüler zu Beginn der Ausbildung und unmittelbar vor der theoretischen Prüfung befragt, ob sie die Prüfung eher bestehen oder eher nicht bestehen werden. Dazu wurde ein bipolare Ratingskala mit den Polen pessimistisch (0) und optimistisch (1) eingesetzt. Folgendes Ergebnis lag vor:

Fahrschüler	1	2	3	4	5	6	7	8	9	10	11	12
zu Beginn	0	1	0	0	1	0	1	0	0	0	1	0
am Ende	1	0	1	1	1	1	0	1	1	1	0	1

Es gilt zu beantworten, ob es zu einer Verbesserung der Selbsteinschätzung durch die Ausbildung kam? Bestimmen Sie die Prüfgröße des Vorzeichentests!

a) 1
b) 2
c) 3
d) 4
e) 5

Angabe zu den nächsten zwei Fragen B87 und B88

Es soll untersucht werden, ob eine betriebsinterne Reorganisation des Arbeitszeitregimes die Ausfallzeiten (gemessen in Stunden pro Monat) verringert. Eine Normalverteilung der Zeiten konnte nicht nachgewiesen werden. Folgende Ergebnisse lagen vor:

Werktätiger	Altes Zeitregimes X	Neues Zeitregimes Y
1	97,6	48,1
2	140,1	125,4
3	23,7	41,6
4	0,0	23,7
5	120,2	68,5
6	96,1	71,7
7	118,4	85,3
8	119,3	69,4
9	81,7	91,3
10	94,2	70,4

mlProceeding.

Frage B87 zur vorigen Angabe

Erstellen Sie das Hypothesenpaar!

a) $H_0: \tilde{\mu}_1 = \tilde{\mu}_2$
$H_1: \tilde{\mu}_1 \neq \tilde{\mu}_2$

b) $H_0: \mu_1 = \mu_2$
$H_1: \mu_1 \neq \mu_2$

c) $H_0: \tilde{\mu}_1 \geq \tilde{\mu}_2$
$H_1: \tilde{\mu}_1 < \tilde{\mu}_2$

d) $H_0: \tilde{\mu}_1 \leq \tilde{\mu}_2$
$H_1: \tilde{\mu}_1 > \tilde{\mu}_2$

e) $H_0: \mu_1 \geq \mu_2$
$H_1: \mu_1 < \mu_2$

Frage B88 zur vorigen Angabe

Bestimmen Sie die Prüfgröße.

a) 6
b) 7
c) 8
d) 9
e) 10

Frage B89

Welche Aussage ist **richtig**?

a) Eine Verringerung des Signifikanzniveaus hat keinen Einfluss auf einen möglichen Fehler 2. Art.
b) Ein Signifikanzniveau von α bedeutet, dass die Nullhypothese mit einer Wahrscheinlichkeit von α falsch ist.
c) Das Konfidenzniveau gibt an, mit welcher Wahrscheinlichkeit der jeweils realisierte Wert des Punktschätzers im Konfidenzintervall liegt.
d) Entscheidungen für H_0 - bei gültiger H_1 - werden als Fehler 1. Art bezeichnet.
e) Die Wahrscheinlichkeit für einen Fehler 2. Art wächst mit zunehmender Wahrscheinlichkeit für einen Fehler 1. Art.

Frage B90

Welche der folgenden Aussagen über die Testtheorie ist **falsch**?

a) Bei Nichtablehnung der Nullhypothese kann diese als statistisch gesichert angesehen werden.

b) Die Alternativhypothese ist stets das logische Gegenteil der Nullhypothese.

c) Je kleiner das Signifikanzniveau α eines Tests gewählt wird, desto größer wird der Annahmebereich.

d) Bei der Formulierung der Hypothesen eines Tests sollte die nachzuweisende Behauptung stets als Alternativhypothese gewählt werden.

e) Ein Test heißt dann „trennschärfer als ein anderer", wenn er mit größerer Wahrscheinlichkeit die Nullhypothese verwirft, wenn sie falsch ist.

Frage B91

Bei wie vielen der vorliegenden Probleme sollte ein zweiseitiger Test durchgeführt werden?

1. Untersuchung über die Zunahme der Wasserverschmutzung.
2. Eier von freilaufenden Hühnern verkaufen sich besser als Eier aus Legebatterien.
3. Schachspieler A hat größere Siegerchancen als Spieler B.
4. Es soll bei einem Produktionsprozess untersucht werden, ob eine niedrigere Ausschussquote erzielt wurde.

a) Bei einem Problem

b) Bei zwei Problemen

c) Bei drei Problemen

d) Bei vier Problemen

e) Bei keinem Problem

Frage B92

Welche Aussage zu statistischen Testverfahren ist **richtig**?

a) Ein Signifikanzniveau von α bedeutet, dass die Nullhypothese mit einer Wahrscheinlichkeit von α falsch ist.

b) Wenn die Nullhypothese abgelehnt wird, so kann sie mit einer Wahrscheinlichkeit von höchstens α trotzdem richtig sein.

c) Bei einem einseitigen Test ist die Alternativhypothese genau dieselbe wie bei einem zweiseitigen Test, lediglich das statistische Modell wird einseitig betrachtet.

d) Liegt die Testgröße im Annahmebereich, so kann H_0 nicht verworfen werden.

e) In einem Test beträgt die Summe der Wahrscheinlichkeiten für den Fehler 1. Art und den Fehler 2. Art immer 1.

Frage B93

Die Leistung des Entsafters Multimax beim Entsaften von Karotten beträgt 50 l pro 100 kg Karotten (bei einer Standardabweichung von 5 l). Der Hersteller behauptet, dass das Nachfolgemodell Multimax Plus (bei gleicher Standardabweichung von 5l) eine erhöhte Leistung aufweist. Um diese Behauptung zu stützen, werden aus der Produktion 84 Entsafter des Typs Multimax Plus auf ihre Leistung getestet. Es ergab sich eine mittlere Leistung von 54 l.

Wie viele der folgenden Aussagen sind unter Annahme der Normalverteilung **richtig** ($\alpha = 0,05$)?

1. Die Behauptung des Herstellers bezüglich des Nachfolgemodells kann gestützt werden.
2. Mit n = 25 (und gleicher mittlerer Leistung von 54 l) kann die Nullhypothese nicht abgelehnt werden.
3. Bei einem Ergebnis von $\bar{x} = 51$ anstelle von $\bar{x} = 54$ kann die Nullhypothese nicht abgelehnt werden.
4. Im Falle $\sigma = 9$ anstelle von $\sigma = 5$ kann die Nullhypothese abgelehnt werden.

   a) Eine Antwort ist richtig
   b) Zwei Antworten sind richtig
   c) Drei Antworten sind richtig
   d) Vier Antworten sind richtig
   e) Keine Antwort ist richtig

Frage B94

In einer Gruppe von 200 Studierenden sind 45 im 1. Studienjahr, die Hälfte der 40 Studierenden im 4. Studienjahr wohnt in Wien. 35 der 50 Studierenden im 2. Studienjahr wohnen nicht in Wien, 5 der im 3. Studienjahr Studierenden wohnen in Wien und ein Drittel derjenigen, die in Wien wohnen, ist im 4. Studienjahr.

Welche der folgenden Aussagen ist unter der Annahme, dass jeder Student mit gleicher Wahrscheinlichkeit ausgewählt werden kann, **falsch**?

   a) Die Wahrscheinlichkeit, dass ein zufällig ausgewählter Student in Wien wohnt, beträgt 0,3.
   b) Die Wahrscheinlichkeit, dass ein Student im 2. Studienjahr ist, beträgt 0,25.
   c) Die Wahrscheinlichkeit, dass ein Student nicht in Wien wohnt und im 3. Studienjahr ist, beträgt 0,3.
   d) Die Wahrscheinlichkeit, dass ein Student in Wien wohnt und noch nicht im 4. Studienjahr ist, beträgt 0,2.
   e) Die Wahrscheinlichkeit, dass ein Student in Wien wohnt und im 1. oder 4. Studienjahr ist, beträgt 0,3.

Frage B95

In einem Betrieb sind zwei unabhängig voneinander arbeitende Maschinen aufgestellt. Aufgrund von Voruntersuchungen konnte festgestellt werden, dass während eines Tages Maschine A mit einer Wahrscheinlichkeit von 0,2 und Maschine B mit einer Wahrscheinlichkeit von 0,1 ausfällt.

Welche der folgenden Aussage ist **falsch**?

a) Die Wahrscheinlichkeit, dass im Laufe des Tages keine Maschine ausfällt, beträgt 0,72.
b) Die Wahrscheinlichkeit, dass im Laufe des Tages mindestens eine Maschine ausfällt, beträgt 0,28.
c) Die Wahrscheinlichkeit, dass im Laufe des Tages beide Maschinen ausfallen, beträgt 0,02.
d) Die Wahrscheinlichkeit, dass im Laufe des Tages genau eine Maschine ausfällt, beträgt 0,26.
e) Die Wahrscheinlichkeit, dass im Laufe des Tages genau Maschine A ausfällt, beträgt 0,2.

Frage B96

In einem Preisausschreiben werden 40 Lehrbücher verlost, 12 Bücher aus dem Bereich der Mathematik (M) und 28 aus dem Bereich Geschichte (G). 10 der Geschichtsbücher und 5 der Mathematikbücher sind in englischer, die anderen in deutscher Sprache verfasst. Herr Müller darf als erster aus einer Lostrommel ziehen. In der Lostrommel befinden sich 40 Nummern, die den Büchern eindeutig zugeordnet sind.

Welche der folgenden Aussage ist **richtig**?

a) Die Wahrscheinlichkeit, dass Herr Müller ein Mathematikbuch erhält, beträgt 1/8.
b) Die Wahrscheinlichkeit, dass Herr Müller ein deutschsprachiges Geschichtsbuch erhält, beträgt 9/20.
c) Die Wahrscheinlichkeit, dass Herr Müller ein englischsprachiges Mathematikbuch erhält, beträgt 1/3.
d) Die Wahrscheinlichkeit, dass Herr Müller ein englischsprachiges Buch erhält (Geschichts- oder Mathematikbuch), beträgt 5/8.
e) Die Wahrscheinlichkeit, dass Herr Müller ein Geschichtsbuch erhält, beträgt 3/5.

Frage B97

In einer Stichprobenuntersuchung wurde für das mittlere Einkommen μ (in EURO) von Studenten das Konfidenzintervall [490;560] berechnet. Die Irrtumswahrscheinlichkeit wurde mit 0,05 angegeben:

Wie viele der folgenden Aussagen sind **richtig**?

1. Mit einer Wahrscheinlichkeit 0,95 wird das mittlere Einkommen μ von dem Intervall [490;560] überdeckt.
2. μ schwankt zwischen 490 und 560.
3. Es ist möglich, dass μ nicht im Intervall [490;560] liegt.
4. μ liegt im Intervall [490;560].

    a) Eine Antwort ist richtig
    b) Zwei Antworten sind richtig
    c) Drei Antworten sind richtig
    d) Vier Antworten sind richtig
    e) Keine Antwort ist richtig

Frage B98

Die Hypothese $H_0 : \mu = 0,4$ wird zum Signifikanzniveau 0,1 überprüft.

Wie viele der folgenden Aussagen sind **richtig**?

1. Die Wahrscheinlichkeit, dass H_0 abgelehnt wird, beträgt 0,1.
2. Die Wahrscheinlichkeit, dass H_0 nicht abgelehnt wird, wenn $\mu = 0,4$ ist, beträgt 0,9.
3. Die Wahrscheinlichkeit, dass H_0 nicht abgelehnt wird, wenn $\mu = 0,4$ ist, beträgt 0,1.
4. Die Wahrscheinlichkeit, dass H_0 abgelehnt wird, wenn $\mu = 0,4$ ist, beträgt 0,1.

    a) Eine Antwort ist richtig
    b) Zwei Antworten sind richtig
    c) Drei Antworten sind richtig
    d) Vier Antworten sind richtig
    e) Keine Antwort ist richtig

Frage B99

Eine Maschine verpackt Mehl in Tüten zu je 500g. Es wird angenommen, dass die tatsächliche Füllmenge normalverteilt ist. Die Varianz σ^2 ist vom Hersteller der Maschine mit 12,96 angegeben. Es wurde die Füllmenge von neun Tüten ermittelt:

$$\boxed{512} \quad \boxed{490} \quad \boxed{500} \quad \boxed{495} \quad \boxed{502} \quad \boxed{496} \quad \boxed{498} \quad \boxed{506}$$

Zum Signifikanzniveau von $\alpha = 0,05$ soll die Hypothese $H_0 : \mu \le 500$ gegen $H_1 : \mu > 500$ statistisch überprüft werden.

Bestimmen Sie die Prüfgröße t. Lehnen Sie den Test ab, so addieren Sie zu t den Wert 10, das heißt Sie erhalten den Wert k = t + 10.

Wird der Test nicht abgelehnt, so bestimmen Sie den Wert k = t – 10. Wie groß ist k?

a) -10,1
b) -9,5
c) -9
d) 9,9
e) 10,5

Frage B100

Der Hersteller einer Flaschenabfüllanlage garantiert seinen Kunden eine mittlere Abfüllmenge von 0,5l bei einer Varianz von 0,0049. Die Abfüllmenge ist normalverteilt. Eine Stichprobe von 49 Flaschen ergibt eine Abfüllmenge von 23,52l.

Wie viele der folgenden Aussagen sind **richtig**?

1. Kunde A geht bei einer Irrtumswahrscheinlichkeit von 0,05 davon aus, dass die mittlere Abfüllmenge niedriger ist als die vom Hersteller angegebene.
2. Kunde B geht mit $\alpha = 0,075$ ebenfalls von einer niedrigeren Abfüllmenge aus.
3. Kunde C behauptet ebenfalls, dass mit $\alpha = 0,015$ die mittlere Abfüllmenge niedriger ist als die vom Hersteller angegebene.
4. Kunde D führt denselben Test wie A, B und C durch, jedoch mit $\alpha = 0,005$. Auch er geht von einer niedrigeren Abfüllmenge aus.

a) Eine Antwort ist richtig
b) Zwei Antworten sind richtig
c) Drei Antworten sind richtig
d) Vier Antworten sind richtig
e) Keine Antwort ist richtig

Frage B101

In einem Korb befinden sich 6 Äpfel und 6 Birnen, in einem zweiten Korb 3 Äpfel und 1 Birne. Eine der Zahlen 1, 2, ..., 7 wird zufällig ausgewählt und durch 2 dividiert. Beträgt der Rest bei der Division Null, so wird aus dem ersten, sonst aus dem zweiten Korb eine Frucht entnommen.

Wie viele der folgenden Aussagen sind **richtig**?

1. Die Wahrscheinlichkeit, eine Frucht aus dem zweiten Korb zu ziehen, beträgt 3/7.
2. Die Wahrscheinlichkeit, eine Birne zu ziehen, wenn bekannt ist, dass aus dem ersten Korb gezogen wird, beträgt 0,5.
3. Die Wahrscheinlichkeit, eine Birne zu entnehmen, beträgt 5/14.
4. Die Wahrscheinlichkeit, einen Apfel zu entnehmen beträgt 3/7.

   a) Eine Antwort ist richtig
   b) Zwei Antworten sind richtig
   c) Drei Antworten sind richtig
   d) Vier Antworten sind richtig
   e) Keine Antwort ist richtig

Frage B102

Die durchschnittliche Länge von Metallstiften soll geschätzt werden. Eine Stichprobe vom Umfang n = 36 liefert eine mittlere Länge von $\bar{x} = 38,5mm$. Aus früheren Untersuchungen ist bekannt, dass die Länge der Metallstifte normalverteilt ist und die produzierende Maschine mit einer Standardabweichung von $\sigma = 1,6mm$ arbeitet.

Wie viele der folgenden Aussagen sind **richtig**?

1. Das Konfidenzintervall zum Niveau 0,95 kann mit [37,977; 39,023] angegeben werden.
2. Um ein Konfidenzintervall zu erhalten, dass bei gleichem arithmetischen Mittel eine Länge von kleiner als eins hat, ist der Stichprobenumfang auf 50 zu erhöhen. ($\alpha = 0,05$).
3. Das Konfidenzintervall [38,06; 38,94] hat das Niveau 0,9.
4. Das Konfidenzintervall [37,977; 39,023] hat einen Standardfehler von 0,462.

   a) Eine Antwort ist richtig
   b) Zwei Antworten sind richtig
   c) Drei Antworten sind richtig
   d) Vier Antworten sind richtig
   e) Keine Antwort ist richtig

Frage B103

Wie viele der folgenden Aussagen über ein zweiseitiges Konfidenzintervall für das arithmetische Mittel einer Grundgesamtheit sind **richtig**?

1. Die Grenzen eines 95%-Konfidenzintervalls sind Zufallsvariablen.
2. Mit wachsendem Stichprobenumfang wird das 95%-Konfidenzintervall im Allgemeinen breiter.
3. Bei gleichem Datensatz ist das 95%-Konfidenzintervall breiter als das 90%-Konfidenzintervall.
4. Die Wahrscheinlichkeit, dass die obere Grenze eines 95%-Konfidenzintervalls kleiner als μ ist, beträgt 0,05

   a) Eine Antwort ist richtig
   b) Zwei Antworten sind richtig
   c) Drei Antworten sind richtig
   d) Vier Antworten sind richtig
   e) Keine Antwort ist richtig

Frage B104

Ein Automobillieferant benötigt zur Erstellung eines Ersatzteils Schrauben von 5mm Länge. Der Schraubenhersteller garantiert eine mittlere Schraubenlänge von $\mu_0 = 5mm$ und eine Varianz von 0,04.

Abweichungen in beiden Richtungen werden vom Automobillieferanten nicht akzeptiert. Daher entnimmt er zu Testzwecken eine Stichprobe von n = 81 Schrauben bei einem Signifikanzniveau von $\alpha = 0,05$.

Wie viele der folgenden Aussagen sind unter der Normalverteilungsannahme **richtig**?

1. Ist $\bar{x} > 5,04$, wird die Nullhypothese abgelehnt.
2. Das Risiko des Automobillieferanten, dass eine Lieferung mit $\mu = 5mm$ abgelehnt wird, heißt „Konsumentenrisiko".
3. Das Risiko des Automobillieferanten, dass eine Lieferung Schrauben mit $\mu = 4,94mm$ nicht zurückgewiesen wird, beträgt ungefähr 23%.
4. Fordert der Automobillieferant, dass bei einer Lieferung Schrauben mit $\mu \neq 5mm$ der β-Fehler geringer gehalten wird, so wird ein grösserer Stichprobenumfang benötigt.

   a) Eine Antwort ist richtig
   b) Zwei Antworten sind richtig
   c) Drei Antworten sind richtig
   d) Vier Antworten sind richtig
   e) Keine Antwort ist richtig

Frage B105

Bei vier zufällig ausgewählten Personen mit je einem Implantat an einer bestimmten Stelle ist ein Jahr nach der Implantatsetzung die Sondierungstiefe (in mm) an zwei unterschiedlichen Stellen (Stelle 1 und Stelle 2) gemessen worden.

Implantat	Stelle 1	Stelle 2
1	7	6
2	2	4
3	3	5
4	4	5

Bestimmen Sie bei einem Signifikanzniveau von 1%, ob der Korrelationskoeffizient nach Pearson von Null verschieden ist. Bestimmen Sie die Prüfgröße t. Lehnen Sie den Test ab, so addieren Sie zu t den Wert 10, das heißt Sie erhalten den Wert k = t + 10. Wird der Test nicht abgelehnt, so bestimmen Sie den Wert k = t – 10. Wie groß ist k?

   a) -5,92
   b) -4,92
   c) -3,92
   d) 14,08
   e) 15,08

Frage B106

Aus einer Produktion werden 50 Schrauben entnommen, deren Länge normalverteilt sei. Es ergibt sich eine durchschnittliche Länge von 10,1 mm. Weiters wird festgestellt, dass 20 Schrauben ein defektes Gewinde aufweisen ($\alpha = 0,05$).

Wie viele der folgenden Aussagen sind richtig?

1. Für das zweiseitige Konfidenzintervall gilt, dass der wahre Parameter mit einer Wahrscheinlichkeit von 0,95 überdeckt wird.
2. Mit der Stichprobenvarianz 0,09 lautet das zweiseitige Konfidenzintervall für die Länge der Schrauben annähernd [10,02;10,18].
3. Allgemein gilt für $n \cdot p > 9$, dass für den Anteil der defekten Schrauben das approximative Konfidenzintervall für den Anteil berechnet werden kann.
4. Je kleiner α ist, desto breiter ist das Konfidenzintervall.

   a) Eine Antwort ist richtig
   b) Zwei Antworten sind richtig
   c) Drei Antworten sind richtig
   d) Vier Antworten sind richtig
   e) Keine Antwort ist richtig

Bei folgenden elf Personen ist jeweils der Plaqueindex und der Gingivalindex erhoben worden. (Der Plaqueindex kann die Werte 0 (keine Plaquebesiedlung), 1 (durch Abstreifen mit einer Sonde nachweisbare Plaquebesiedlung), 2 (mit bloßem Auge sichtbare Plaquebesiedlung) und 3 (massive Ausbildung von Zahnstein und Belägen) annehmen. Der Gingivalindex kann ebenfalls die Werte 0 (keine Entzündung, keine Blutung), 1 (geringe Entzündung, leichte Farb- und Oberflächenveränderung), 2 (mäßige Entzündung; das bedeutet Rötung und Hypertrophie, Blutung auf Druck) und 3 (schwere Entzündung; das bedeutet starke Rötung, Hyperpläsie, Spontanblutung, Ulceration) annehmen.)

Patient	Plaqueindex	Gingivalindex
1	0	2
2	0	1
3	0	0
4	1	1
5	1	2
6	1	1
7	1	1
8	2	2
9	2	2
10	2	0
11	2	2

Zum Signifikanzniveau von 5% soll die Hypothese des Zusammenhangs zwischen Plaqueindex und Gingivalindex statistisch überprüft werden.

Bestimmen Sie die Prüfgröße t. Lehnen Sie den Test ab, so addieren Sie zu t den Wert 10, das heißt Sie erhalten den Wert k = t +10. Wird der Test nicht abgelehnt, so bestimmen Sie den Wert k = t – 10. Wie groß ist k?

a) 15,546
b) -4,454
c) 17,365
d) -2,635
e) -3,549

Welche Aussage ist **falsch**?

a) Die spezielle Form der Glockenkurve ist unabhängig von der Varianz σ^2.
b) Die Dichtefunktion wird durch eine Glockenkurve graphisch dargestellt.
c) Die Dichtefunktion ist symmetrisch bezüglich des Erwartungswerts μ.
d) Das Integral unter der gesamten Kurve hat den Wert 1.
e) Die Dichtefunktion hat für alle x-Werte zwischen $-\infty$ und $+\infty$ einen Funktionswert, der größer 0 ist.

Literaturverzeichnis

Alle angegebenen Prüfungsfragen beziehen sich auf die Bücher:

BENESCH, Thomas (2005): Anschauliche und verständliche Datenbeschreibung – Methoden der deskriptiven Statistik, 2., überarbeitete und erweiterte Auflage, Wien – Graz: Neuer Wissenschaftlicher Verlag

BENESCH, Thomas (2005): Anschauliche und verständliche Datenbeurteilung – Methoden der schließenden Statistik, Wien – Graz: Neuer Wissenschaftlicher Verlag

In diesen beiden Büchern befinden sich neben der Aufbereitung der Statistik viele durchgerechnete Aufgaben und Kontrollfragen, die vom Rechenaufwand den Prüfungsfragen weit überlegen sind.

Die folgenden Übungsbücher vertiefen manche Themengebiete und betrachten einige weitere, die in dieser Sammlung keinen Einzug gefunden haben (zum Beispiel Zeitreihenanalyse, Varianzanalyse, multiple Regression).

BÖSELT, Martin (1994): Statistik-Übungsbuch: Aufgaben, Hinweise und Lösungen, München – Wien: Oldenbourg Verlag

BRANNATH, Werner / FUTSCHIK, Andreas (2001): Statistik für Wirtschaftswissenschaftler: Eine Einführung anhand von Beispielen, 3. Auflage, Wien: WUV-Universitätsverlag

DEGEN, Horst / LORSCHEID, Peter (2001): Statistik-Aufgabensammlung mit ausführlichen Lösungen: Übungsbuch zur Statistik im wirtschaftswissenschaftlichen Grundstudium, 4., unwesentlich veränderte Auflage, München – Wien: Oldenbourg Verlag

HARTUNG, Joachim / HEINE, Barbara (1999): Statistik-Übungen, 6., unwesentlich veränderte Auflage, München – Wien: Oldenbourg Wissenschaftsverlag GmbH

LEHN, Jürgen / WEGMANN, Helmut / RETTIG, Stefan (1994): Aufgabensammlung zur Einführung in die Statistik, 2., überarbeitete und erweiterte Auflage, Stuttgart: Verlag B. G. Teubner

SCHWARZE, Jochen (2002): Aufgabensammlung zur Statistik, 4. Auflage, Herne/Berlin: Verlag Neue Wirtschafts-Briefe GmbH